「Lectio《レクティオ》 Divina《ディヴィナ》」4
聖なる読書によってみことばを祈る

神の国は近づいた

イエスによる神の国のたとえ話と行い

レナト・フィリピーニ〈著〉

教友社

目次

神の国の行い

※本文は、おもに日本聖書協会『新共同訳』を使わせていただきました。

序文

聖書について日本語で説明された本や資料は、非常に少ないのが現状です。さらに、みことばの特徴やみことばとわたしたちとの関係を育むための資料は極めて少ないです。日本の信徒にとって、ミサと典礼以外でみことばに触れ、味わう機会が少ないことを危惧しています。この現状を踏まえた上で、およそ二〇年前から、みことばに親しみ、みことばを味わう集いを実践しています。

二〇年の間、全国でみことばを祈る複数のグループが誕生し、月一回定期的に信徒たち自身により開催されています。鹿児島教区のザビエル教会での集いは二〇〇四年から今日まで、大阪高松大司教区の桜町教会では二〇一一年から二〇二二年まで、松山教会では二〇一四年から今日まで開催されています。そして、福岡教区のいくつかの教会では二〇一七年から集いが開かれています。集いの定期的開催を勧めましたが、多くの場合は一回だけで終わりました。

しかし、大濠カトリック会館では二〇二二年から集いが行われています。さらに二〇二三年度から、みことばに親しみ、みことばを味わう集いの資料を活用して、長崎教区で複数のグループが始まろうとしており、現在ファシリテータ（進行とまとめ役）の養成を実施しています。

これまで積み重ねてきた二三〇回以上の集いから、九六の聖書箇所を四冊の本「Lectio Divina Series 1–4」に収めました（Series 4の末尾付録には他三冊の目次があります）。一か月に一回という頻度なら、数年間にわたって聖書による「みことばを祈る」集いを実施できます。

この二〇年を振り返ると、「定期的に」集いを開催し参加することは、とても難しいと実感しています。それは「定期的に」実施することに対して、多くの信徒が慣れていないのが原因の一つです。事実、小教区から全国にわたって一回のみのイベントという考え方が強く根付いています。例えば、教区でさまざまなイベントが企画され、実行委員会が発足します。イベントに関わる人々の時間とエネルギーがその準備に注がれ、イベント本番では疲れ切った状態です。そして、反省会が終わった後には解散してしまうのです。これでは、イベントが頂点となり、その後の発展を生み出せません。

定期的なみことばによる養成はまったく異なります。みことばによる養成は到達点ではなく、人生に伴うプロセスであり、定期的に継続的に行われることこそが欠かせない要因です。みことばによる養成は打ち上げ花火のようなイベントではなく、地道に一歩ずつ踏み出していくものです。

わたしたちはみことばを理解することを求めるだけではなく、みことばに呼びかけられて行動するように招かれています。みことばの箇所の中の知識や情報を得ることだけではなく、箇所に語られていることを実践するようにという変容と回心が求められています。キリスト者にとって、聖書の扱い方とその関係は単なる読書ではありません。「今」「ここで」「呼びかけられている」という信仰の視点から、みことばを自分の人生と日常に受け入れます。そして、実践することによって、わたしたちはそのみことばを生きる者になっていくのです。

二〇年にわたり「みことばを祈る」集いを続けてこられた方々に、みことばとの関わりや集いの体験を書いていただきましたので参考までにご紹介します。

鹿児島カテドラル・ザビエル教会で毎月第一火曜日に行う「みことばを祈る」集いは約四〇分間テーマに沿ってみことばに耳を傾け、黙想し、祈ります。当番の二人で導入と聖書朗読を分担し進め、その後約一時間、黙想したことを自由に分かち合います。

この集いは、二〇〇四年五月に一四名でスタートし、その後は一四〜二〇名くらいの参加があり、今年で二〇年を迎えました。コロナ禍において集うことはできませんでしたが、毎月定期的に、同じテーマに心合わせて各自で祈りました。このことが連帯と分かち合いの意義を感じ、継続につながったと思います。

指導司祭のレナト・フィリピーニ神父様は最初と異動後の数回ほど同席されただけで、ほかは信徒のみ集まり、書面による継続的なご指導をいただきました。後に、レクティオ・ディヴィナ・シリーズが刊行され、二〇一七年四月以降はシリーズ全三冊を交互に使用し、それに記載された方法に則りこの黙想を続けております。

参加者の多くは、聖書を読み、祈り、キリストと出会うことを求めていました。この集いは、日常から離れ、静けさの中で、みことばに耳を傾け、黙想し、キリストに出会う喜びに与り、分かち合う、とても貴重な時間となっています。

分かち合いは意義深く、皆が異口同音に「分かち合いなしでの継続は難しい」と言い、さまざまな視点からの分かち合いにより、多くの気づきがあります。自らの信仰を確認し、主日の典礼への備え、沈黙、祈り、ゆるしの秘跡の大切さ、弱い人間である自分をありのままに受け入れられるようになった等を感じています。みことばと生活が一体となって日常生活に変化をもたらしています。みことばに生かされて、この喜びを周りの人々に伝えられるようにと願っています。

参加者一同

Lectio Divina（レクティオ・ディヴィナ）とは

（1）聖書は神のみことば

聖書は文学作品としても高く評価され、信者ではない大勢の人たちも読んでいます。また聖書のテーマに基づいて作られた美術の名作も数多くあります。けれども信者にとって、聖書には、古典を超える魅力、特長があります。それは秘跡と並び、神との出会いの場、神に話しかけたり、話しかけられたりする場、つまり神体験をする場面と言えます。聖書は、日々一人ひとりに語りかける神のみことばです。だから聖書は神から人間に送られた手紙とも言われています。

聖書は過去のことばではなく、現在もわたしたちに語りかけている神のみことばとして読まれるものです。古くから知られている箴言があります。「祈るとき、あなたは神に語りかけます。あなたが読んでいるとき、神はあなたに話しかけます」。聖霊は聖書が書かれたとき、ただ一回だけ、聖書記者たちの上に働かれたのではなく、聖書を読む人の上にも常に働き、その導きによって聖書の読書は実を結びます。したがって聖書を読む基本的な心構え、その前提は聖霊を呼び出すように祈願すること。聖書を手にし、そして聖霊の続唱を口から響かせて願いましょう。「聖霊、来てください」。

(2) みことばに耳を傾ける「読書」

現在、日曜日の典礼における聖書の読み方には二つの懸念があります。第一は、聖書を読んでもらうため、ミサ以外では自分で聖書を読もうとしないことであり、第二は、パンフレットを使うので、聖書そのものに触れないし、使い方も知らないということです。そうならないように、聖書にさわる機会や習慣を身に付け、自分で声を出して聖書を読むことは、大切なことだと思います。

古くから伝統的な聖書の読み方があり、ラテン語で「レクティオ・ディヴィナ」と呼ばれてきました。「レクティオ」とは名詞で「読書」、「ディヴィナ」は形容詞で「聖なる」という意味、つまり「聖なる読書」です。これは勉強でも、祈るための材料や準備でもなく、信者にとって聖書を読書すること自体が祈りなのです。したがって聖なる読書とは神について何かを知るためではなく、神ご自身と出会うために読むこと。聖なる読書が決まった時に行われるのは大事なことです。人それぞれにその「時」は異なっても、その時間になったら、忠実に読書をするのです。同じように、一定の一貫した朗読も必要です。毎日、あるいは「主日の朗読聖書」があるなら、それに従います。または、聖書の中の一つの書を、初めから終わりまで通して読む場合はそれでよいでしょう。ある箇所を読む場合、一度目を通すだけでなく、何回も読みかえしましょう。声を出して読むのもいいかもしれません。落ち着いてゆったりした読み方です。みことばは、本来、聴くべきものなのですから。

また、福音書のある箇所を暗記するほどよく知っているなら、目でその箇所を心に刻みつけてみましょう。聖書の一節を繰り返し、言葉一つひとつを丁寧に読むことによって、大切な部分が浮かんできます。具体的に、例えばペンを手にして、心に響いた言葉に下線を引いたり、蛍光マーカーでキーワードに印をつけたりすると、そこに表れている人々の行動や心の動きに触れ、その場に参加しているような経験をするでしょう。

さらに並行箇所を読み、注解がついている聖書であればそれも調べましょう。その日の箇所の前後や、関係のある他の箇所にも目を留めてみましょう。みことばは互いに説明し合っていますから。「聖書による聖書の解釈」、これが聖書奉読についての揺るぎない基準です。この方法に従い、一定の時間で一定の箇所をゆっくりと読むことを実践するなら、聖なる読書は日曜日の典礼の準備とその延長になるに違いありません。

(3) みことばを味わう

まず、聖なる読書のとき、読んでいる箇所について、すでに知っていることや自分の立場や事情に都合のよいものを見つけないようにしましょう。そのような読み方は、主観的で自分を正当化する読み方となり、「自分の感じ」に振りまわされることになるからです。聖なる読書の時、語られるのは神です。この段階では、読んだ箇所から神があなたに伝えたいと思われるメッセージを深めることが目的です。しかし、これに関していろいろな困難が生じます。例えば、いくら読んでも、十分に理解できるとは限りません。ほとんどわからない時も度々あります。ところが、いまわからないことが、ずっとあとになってわかることもあります。今何かがわかったら、それを心の中でかみしめて味わいましょう。理解した後で、自分自身にあてはめてみましょう。順番を間違えないようにしましょう。

『聖書の読み方――レクチオ・ディヴィナ入門』の著者、来住英俊神父は、聖なる読書のこの段階を陶器を味わうことにたとえておられます。「愛玩する陶器を手に取って、その重さ、形、手ざわりを確かめるような気持ちです。日本の陶器は茶道と結びついているせいか、『骨董をいじる』という言い方もあるように、手に持ってさわるものです。手にしてしばらく保っていると、まずその『重さ』が両腕を通して、自分の体の中に流れ込んできます。また、物には形というものがあるので、さらに、手に持っていると曲線とか凹凸とか、その『形』が両腕を通して流れ込んでくる。さらに、使用されている陶土や釉薬からくる『手ざわり』も流れ込んでくる」（14頁）。

また次のようにも語られます。「聖書全体の中でレクチオ・ディヴィナの精神を最も美しく語ってくれる言葉はこれでしょう。『雨も雪も、ひとたび天から降れば、むなしく天に戻ることはない。それは大地を潤し、芽を出させ、生い茂らせ、種蒔く人には種を与え、食べる人には糧を与える。そのように、わたしの口から出るわたしの言葉も、むなしくは、わたしのもとに戻らない。』（イザヤ55・10～11）。『みことば』は、集中豪雨ではなく、地上に降る穏やかな雨のように、あなたの心に沁み込んでいきます。ときには冷たい雪のようによそよそしく感じられますが、いつか暖かい日差しに溶けて地面を潤すのです」（77～78頁）。

(4) みことばを生きる

読書の中で見たり味わったりしたことを大切にする重要な段階にあたります。聖霊の中に含まれているみことばを通して語りかけている神の招き、そのメッセージに応えましょう。友が友に語るように、神と話し合うこと。安心して神と話しましょう。神は読書するわたしたちに、ご自分を与えられます。神の近くにいるという実感は沈黙の中でますます深められます。聖なる読書は、生活の学び舎でもあります。ここからわたしたちを「神から遣わされた者」として派遣するためです。みことばを生きるというのは、そのことばを実現すること。置かれている現場で、日々出会う人々に、受けたその平和を分かち合いましょう。

ここまで説明してきたことをまとめましょう。聖なる読書の前提は、聖霊への祈願、みことばである聖書ですから。読書――ゆっくり読むことによってみことばに触れる。瞑想――メッセージに誘われて、みことばを味わう。観想――みことばにとどまり、それを生き、行っていく。段階に分けて説明したのは、聖書の読み方を紹介するためです。ある日は瞑想に長くとどまり、別の日にはすぐ観想へ進むということがあって、それでいいでしよう。

ベネディクト一六世が度々聖なる読書について熱心に話され、再興を促されました。「『聖なる読書』とは、聖書の個所にとどまり、何度も読み返し、『思いめぐらし』、その個所に含まれた『果汁』をすべてしぼり出すことです。こうして、その個所の『果汁』は黙想と観想の糧となり、具体的な生活を潤すことができます。『聖なる読書』を行うための条件は、精神と心が聖霊の光によって、すなわち聖書に霊感を与えた方自身によって照らされることです」。

参考文献

1. エンゾ・ビアンキ『みことばを祈る――聖なる読書の手引き』オリエンス宗教研究所、一九九七年。
2. 来住英俊『聖書の読み方――レクチオ・ディヴィナ入門』女子パウロ会、二〇〇七年。
3. ジョバンニ・デュットー、クリストファ・ヘイデン『レクチオ・ディヴィナ――神に近づく四段のはしご』夢窓庵、二〇〇九年。

Lectio Divina の方法　みことばを祈る指針

レクティオする時の方法ですが、以下の内容は導きをするためのものなので、レクティオ・ナビと言ってもいいでしょう。カード（巻末の付録）を使うと、具体的に、各段階でどうすればいいか、求められていることは何かを案内してくれるので、便利です。一人が朗読し、他の参加者は聴きながら、沈黙の内に祈ります。

まず「祈りへの招き」と「聖霊の助けを求める祈り」から始めましょう。そして、当日の「みことばの朗読」をした後、導入のことばを読み、その後の文も読みましょう。レクティオの回数を重ねていくうちに自然にこの流れに入れると思います。

祈りへの招き

始める前に、まずわたしたちがいまここに「いる」ということを意識しましょう。いすに座っている体を感じましょう。呼吸を整え、心臓の鼓動に耳を傾けましょう。これからわたしたちが体験していくことは、「祈り」です。祈りとは、神さまとの対話であり、わたしたちに語りかけておられる神さまのみことばに耳を傾けることです。

A 聖霊の助けを求める祈り

聖霊来てください。

あなたの光の輝きで、わたしたちを照らしてください。

貧しい人の父、心の光、証しの力を注ぐ方。

優しい心の友、さわやかな憩い、ゆるぐことのないよりどころ。

苦しむ時の励まし、暑さの安らい、うれいの時の慰め。

恵み溢れる光、信じる者の心を満たす光よ。

あなたの助けがなければ、すべてははかなく消えてゆき、だれも清く生きてはゆけない。

汚れたものを清め、すさみをうるおし、受けた痛手をいやす方。

固い心を和らげ、冷たさを温め、乱れた心を正す方。

あなたのことばを信じてより頼む者に、尊い力を授ける方。

あなたはわたしの支え、恵みの力で、救いの道を歩み続け、終わりなく喜ぶことができますように。アーメン。

みことばを朗読しましょう

本日の聖書箇所をゆっくりと読みましょう。声を出して読みましょう。

B　みことばに耳を傾けましょう

「導入のことば」　導入のことばは毎回の聖書箇所について解説と説明する文章です。導入のことばの後、この文章を読みましょう。

> みことばは、一度目を通すだけではなく、何回も繰り返し読みましょう。さらに参考となる箇所も読みましょう。みことばは互いに説明し合っていますから。「聖書による聖書の解釈」、これが聖書奉読についての揺るぎない基本です。

＊この囲いにある文章は「この段階でどうすればいいか」の指導役で、カードに記入されて

いるので、毎回利用してください。

――しばらく沈黙してから、本日の聖書箇所の「C」に移りましょう――

C　みことばを味わいましょう

〔導入のことばの後、この文章を読みましょう〕

みことばは、いつも完全に、またすぐに、理解できるとは限りません。みことばは、しばしば自分にはほとんどわからない、もしくはまったくわからないと認めるだけの、謙虚さを身につけたいものです。たとえ、今わからないことであっても、ずっと後になってわかることがあります。今、何かがわかったら、それを心の中でしっかりと噛みしめて味わいましょう。そうした後で、それを自分自身に、それぞれのおかれている状態にあてはめてみましょう。

――しばらく沈黙してから、本日の聖書箇所の「D」に移りましょう――

D　みことばを生きましょう

〔導入のことばの後、この文章を読みましょう〕

みことばを通して、あなたに語りかけている神の招きに、神からのメッセージに応えましょう。友が友に語るように、神と語り合いましょう。みことばに表されているキリストの御顔を仰ぎましょう。その顔を見つめ、憧れ、とらえられましょう。あなたに贈られたみことばのゆえに神に感謝しましょう。みことばを読む中で、あなたが目にし、耳にし、味わったことを大切にしましょう。それらをあなたの心、あなたの記憶に留めていきましょう。それから、人々のところに行って、友達になり、あなたが受けたその平和、その祝福を分かち合いましょう。

――しばらく沈黙してから、「結び」に移りましょう――

結び

「主の祈り」あるいは別の祈り、または讃美歌

分かち合い（グループでする場合）

分かち合いは議論でも、聖書の知識を披露するのでも、賛否両論を論じることでもないのです。本日のみことばに基づいてのみ語りあうことが前提（他の話はしない）です。

レクティオで体験したこと、感じたことを自由に話します（参加して何も言わなくても結構です）。分かち合いは、みことばからいただいたヒントや直感を簡潔に、素直に語りあうことです。

この本の使い方――(グループ用に活用するために)

聖書を真面目に勉強する信徒は少なくありせん。信仰の養成と生涯学習の一環として頑張っている多くの信徒の皆さんや聖書研究のグループなどは、全国に数え切れないほどたくさん存在します。自分自身や多くの先輩たちの手あかがついた聖書を頻繁に見ています。

この本で提供されているレクティオ・ディヴィナの方法は聖書が、神のみことばであることを再認識し、体験するためのものです。その目的は知識を増やすことではなく、みことばを味わい、みことばにとどまることです。要するに、聖書から提供されている箇所を、みことばとして祈るのです。方法論ですから、祈りに導くために段階はありますが、その順番は絶対的なものではないですし、絶対に守らなければならないことでもないのです。大切なのは祈ることです。場合によっては一つの段階にとどまることもあるでしょう。それでも結構です。

二人、三人だけでもいいから始めてみませんか。しかし、その集いは会議ではなく、みことばを祈る集いです。聖堂でなくてもいいですが、環境づくりを大切にしましょう。例えば、祭壇あるいはテーブルの真ん中に聖書を開いておきましょう。みことばが主人公ですから。火をともしたローソクも準備しましょう。「あなたの御ことばは、わたしの道の光、わたしの歩みを照らす灯」と詩編119の105節が教えているように。箇所に関連する絵、シンボルを出してもいいかもしれません。最初と最後に聖歌を歌ってもいいでしょう。

自分の聖書を使うのはもちろん結構です。けれども、線が引いてあったり、マークや書き込みがあったりするので、黙想に集中するために、本日の箇所のプリントを準備してみてはいかがでしょうか。ちなみに、沈黙もみことばを祈るために欠かせない部分です。最後に、祈った後、参加者同士でみことばに基づいて分かち合いをすることもぜひ行ってください。レクティオの後、少し休憩してから、分かち合いをしましょう。

客と一緒に喜びたい主人（ルカ14・15〜24）

祈りへの招き
カードの「祈りへの招き」に移りましょう。

A　聖霊の助けを求める祈り
カードの「聖霊の助けを求める祈り」に移りましょう。

みことばを朗読しましょう

食事を共にしていた客の一人は、これを聞いてイエスに、「神の国で食事をする人は、なんと幸いなことでしょう」と言った。そこで、イエスは言われた。「ある人が盛大な宴会を催そうとしていて、大勢の人を招き、宴会の時刻になったので、僕を送り、招いておいた人々に、『もう用意ができましたから、おいでください』と言わせた。すると皆、次々に断った。最初の人は、『畑を買ったので、見に行かねばなりません。どうか、失礼させてください』と言った。ほかの人は、『牛を二頭ずつ五組買ったので、それを調べに行くところです。どうか、失礼させてください』と言った。また別の人は、『妻を迎えたばかりなので、行くことができません』と言った。僕は帰って、このことを主人に報告した。すると、家の主人は怒って、僕に言った。『急いで町の広場や路地へ出て行き、貧しい人、体の不自由な人、目の見えない人、足の不自由な人をここに連れて来なさい。』やがて、僕が、『御主人様、仰せのとおりにいたしましたが、まだ席があります』と言うと、主人は言った。『通りや小道に出て行き、無理にでも人々を連れて来て、この家をいっぱいにしてくれ。言っておくが、あの招かれた人たちの中で、わたしの食事を味わう者は一人もいない。』」

参考箇所

イエスは招いてくれた人にも言われた。「昼食や夕食の会を催すときには、友人も、兄弟も、親類も、近所の金持ちも呼んではならない。その人たちも、あなたを招いてお返しをするかも知れないからである。宴会を催すときには、むしろ、貧しい人、体の不自由な人、足の不自由な人、目の見えない人を招きなさい。そうすれば、その人たちはお返しができないから、あなたは幸いだ。正しい者たちが復活す

るとき、あなたは報われる。」（ルカ14・12～14）

〔羊飼いたちは〕急いで行って、マリアとヨセフ、また飼い葉桶に寝かせてある乳飲み子を探し当てた。（ルカ2・16）

イエスはその場所に来ると、上を見上げて言われた。「ザアカイ、急いで降りて来なさい。今日は、ぜひあなたの家に泊まりたい。」ザアカイは急いで降りて来て、喜んでイエスを迎えた。（ルカ19・5～6）

B　みことばに耳を傾けましょう

「導入のことば」　ルカ福音書にはいくつかの特徴があり、その中でたとえ話があげられるでしょう。たとえ話の共通のテーマは、神の国とその到来で、このよい知らせを受けた人の対応が語られています。たとえ話の目的と特徴は、教えることよりも、聴衆に自分の行動について反省させ、行動を変えるように導くことです。このたとえ話は、盛大な宴会の前に結婚披露宴の上席と食事について、当時のマナーとは違う話にびっくりさせ、挑戦へと招くイエスの言葉が混ぜてあるのです（ルカ14・12～14）。このたとえ話の主人公は、三回も登場した僕たちでもなければ、招待を断った客でもない、思いがけない招待を受けた人でもない、この盛大な宴会を催していた主人なのです。この人は「家がいっぱいになるように」という、実現しなければならない計画を持って、たとえ話を始動します。
↓カードの「B　みことばに耳を傾けましょう」に移りましょう。

C　みことばを味わいましょう

「導入のことば」「ある主人が盛大な宴会を催そうとしていた。大勢の人を招き、宴会の時刻になったので、僕を送り、招いておいた人々に、『もう用意ができましたから、おいでください』」と言わせた。主人と招待された人の行動に使われた動詞は過去形で始まり、さらに現在進行形の動詞となります。主人はいつか催そうとした、という過去形の動詞だけではなく、まだ宴会が続いているという、「催そうとしていた」、という現在進行形の動詞につながります。招待された人は、即席の招待者ではなく、すでに招待を受けていた、招いておいた人なのです。

最初に招待された人たちの口実の表現はすべて過去形です。つまり、すでに受けていた招待を無視し、過去に関わったことに縛られています。二回目の招待の命令によって「急いで……」主人の怒りは明らかになります。つまり、罰を起こす怒りではなく、「何もかも祝おう」という主人の頑固な意思を表しています。それはどうしても伝えたいことがあって、じっとしておれない状態という意味なのです。「急ぐ」というのはスピードのことではなく、深さ、熱意を表しています。車の加速ではなく、心の波動です。

↓カードの「C　みことばを味わいましょう」に移りましょう。

D　みことばを生きましょう

「導入のことば」　招待を断った人々の代わりに招かれた人たちは、何もしないのに恩恵を受けます。これがたとえ話の逆転です。彼らは主人の無償の招待の受取人になるのです。これが宴会の上席のマナーの矛盾です。なぜ招待するのでしょうか。誕生日、結婚、お産、卒業などは嬉しい出来事だからです。相手の人は自分と一緒にこの喜ばしい出来事を祝って欲しい、それを伝え、それに与るように招くわけです。祝う、しかも共に祝う。それはまず呼びかけることでしょう。あなたもわたしと一緒に喜んで、祝って欲しいという、良い知らせ、祝いの知らせ、分かち合いへの招きです。「招待」には「招く」という意味があります。なおかつ共に祝うという招きのきっかけが必要です。祝うというのは一人で祝うのではなく、分かち合って祝う、言い換えれば喜びの出来事なのです。

↓カードの「D　みことばを生きましょう」に移りましょう。

ぶどう園の労働者（マタイ20・1～15）

祈りへの招き

カードの「祈りへの招き」に移りましょう。

Ａ　聖霊の助けを求める祈り

カードの「聖霊の助けを求める祈り」に移りましょう。

みことばを朗読しましょう

「天の国は次のようにたとえられる。ある家の主人が、ぶどう園で働く労働者を雇うために、夜明けに出かけて行った。主人は、一日につき一デナリオンの約束で、労働者をぶどう園に送った。また、九時ごろ行ってみると、何もしないで広場に立っている人々がいたので、『あなたたちもぶどう園に行きなさい。ふさわしい賃金を払ってやろう』と言った。それで、その人たちは出かけて行った。主人は、十二時ごろと三時ごろにまた出て行き、同じようにした。五時ごろにも行ってみると、ほかの人々が立っていたので、『なぜ、何もしないで一日中ここに立っているのか』と尋ねると、彼らは、『だれも雇ってくれないのです』と言った。主人は彼らに、『あなたたちもぶどう園に行きなさい』と言った。夕方になって、ぶどう園の主人は監督に、『労働者たちを呼んで、最後に来た者から始めて、最初に来た者まで順に賃金を払ってやりなさい』と言った。そこで、五時ごろに雇われた人たちが来て、一デナリオンずつ受け取った。最初に雇われた人たちが来て、もっと多くもらえるだろうと思っていた。しかし、彼らも一デナリオンずつであった。それで、受け取ると、主人に不平を言った。『最後に来たこの連中は、一時間しか働きませんでした。まる一日、暑い中を辛抱して働いたわたしたちと、この連中とを同じ扱いにするとは。』主人はその一人に答えた。『友よ、あなたに不当なことはしていない。あなたはわたしと一デナリオンの約束をしたではないか。自分の分を受け取って帰りなさい。わたしはこの最後の者にも、あなたと同じように支払ってやりたいのだ。自分のものを自分のしたいようにしては、いけないか。それとも、わたしの気前のよさをねたむのか。』」

参考箇所

徴税人や罪人が皆、話を聞こうとしてイエスに近寄って来た。すると、ファリサイ派の人々や律法学者たちは、「この人は罪人たちを迎えて、食事まで一緒にしている」と不平を言いだした。（ルカ15・1〜2）

わたしの思いは、あなたたちの思いと異なり／わたしの道はあなたたちの道と異なると／主は言われる。天が地を高く超えているように／わたしの道は、あなたたちの道を／わたしの思いは／あなたたちの思いを、高く超えている。（イザヤ55・8〜9）

B　みことばに耳を傾けましょう

「導入のことば」　福音書にはたくさんのたとえ話があります。中には、納得がいかない結末もあります。このたとえ話はその一つです。夕方になり、賃金を払う時、一日中働いた人たちに一デナリオンの日当が支払われました。ここに何も問題はありません。一日に付き一デナリオンの約束でしたから。ところが、一時間しか働かなかった人にも一デナリオンが与えられます。「おかしい」と首をかしげる人も多いでしょう。一時間しか働いていない人に一デナリオン支払ったのなら、一日中、八時間以上をも働いたのだから、八デナリオン以上、少なくとも一〇デナリオンもらえるはずだなどと考えがちです。はたしてこの考え方と期待は正しいでしょうか。すべてのたとえ話は同じ神の国、あるいは天の国のことを紹介しています。このたとえ話も「天の国は次のようにたとえられる」で始まっています。言い換えれば神の国では、ものごとはこの世で行われるやり方と違って行われるのです。神の働き方はわたしたちには奇妙と思われ、注目を集める導入のことばで始まります。

↓カードの「B　みことばに耳を傾けましょう」に移りましょう。

C　みことばを味わいましょう

「導入のことば」　わたしたちはついつい聖書の世界の中にも、読み手の文化や現代の常識を読み込んでしまいます。しかし、これは、たとえ話に対するわたしたちの先入観、思い込みでしかありません。ではどうすれば、たとえ話のメッセージを正しく読み解くことができるでしょうか。どうすれば、偏らない理解ができるのでしょうか。すべてのたとえ話は、何のためなのかというと、神の国のため、天の国のことを紹介するためにあります。この福音書の最初の部分でも書かれています。「天の国は次のようにたとえられる」、言い換えれば「神さまの国では、この世で行われるやり方とはまったく違って、次のように行われる」、また「神さまは、わたしたちを常にこのような視点で見ておられる」ということなのです。よくたとえ話を読むと主人の約束は、「一日につき一デナリオン」と明確に書いてあります。一デナリオンは、当時の一般的な一日の賃金ですから、朝早くから日が沈むまで働いた労働者に支払った額としては、当然のことです。
↓カードの「C　みことばを味わいましょう」に移りましょう。

D　みことばを生きましょう

「導入のことば」　この時代の日雇いの労働者にとって、仕事を得るために、朝早く起きて出かけて行き、その日の収入を得るために雇われたいと願うのが、彼らの毎日の希望であり、日々の祈りでした。ですから、朝に出向き、八時過ぎたら、もう終わり、つまり、雇用が得られません。また明日は今日より運がよくなりますようにと、雇われなかった人たちは祈り願ったことでしょう。ここが大きなポイントです。このぶどう園の主人は、その日の仕事はなくとも、一二時や三時、そして五時からでさえも人を雇います。そのうえ、その時刻からの労働者にさえも、寛容な心で同じ一デナリオンを与えます。雇われた人とその家族にとって福音、良い知らせ、また救いの体験なのです。雇い主は、雇用の決まりを守りながらも、自分の気持ちをこの一デナリオンという賃金に託したのです。これこそが天の国の判断基準なのです。

わたしたちはこの世界の営みに対する神のまなざし、やり方をどのように受け取ればいいのでしょうか。わたしたちは、絶望の中にいた最後に雇われた人たちと共に喜ぶことができるでしょうか。神は、時々わたしたちに「わたしの気前のよさをねたむのか。」と問われます。

↓カードの「D　みことばを生きましょう」に移りましょう。

「人の子は思いがけない時に来る」（ルカ12・35〜40）

祈りへの招き

カードの「祈りへの招き」に移りましょう。

A　聖霊の助けを求める祈り

カードの「聖霊の助けを求める祈り」に移りましょう。

みことばを朗読しましょう

「腰に帯を締め、ともし火をともしていなさい。主人が婚宴から帰って来て戸をたたくとき、すぐに開けようと待っている人のようにしていなさい。主人が帰って来たとき、目を覚ましているのを見られる僕たちは幸いだ。はっきり言っておくが、主人は帯を締めて、この僕たちを食事の席に着かせ、そばに来て給仕してくれる。主人が真夜中に帰っても、夜明けに帰っても、目を覚ましているのを見られる僕たちは幸いだ。このことをわきまえていなさい。家の主人は、泥棒がいつやって来るかを知っていたら、自分の家に押し入らせはしないだろう。あなたがたも用意していなさい。人の子は思いがけない時に来るからである。」

参考箇所

見よ、わたしは戸口に立って、たたいている。だれかわたしの声を聞いて戸を開ける者があれば、わたしは中に入ってその者と共に食事をし、彼もまた、わたしと共に食事をするであろう。（黙示録3・20）

それを食べるときは、腰帯を締め、靴を履き、杖を手にし、急いで食べる。これが主の過越である。（出エジプト12・11）

〔イエスは〕食事の席から立ち上がって上着を脱ぎ、手ぬぐいを取って腰にまとわれた。それから、たらいに水をくんで弟子たちの足を洗い、腰にまとった手ぬぐいでふき始められた。

〔イエスは言われた〕「主であり、師であるわたしがあなたがたの足を洗ったのだから、あなたがたも互いに足を洗い合わなければならない。わたしがあなたがたにしたとおりに、あなたがたもするようにと、模範を示したのである。はっきり言っておく。僕は主人にまさらず、遣わされた者は遣わした者

にまさりはしない。このことが分かり、そのとおりに実行するなら、幸いである」。（ヨハネ13・4〜5、14〜17）

B　みことばに耳を傾けましょう

「導入のことば」　腰に帯を締めるというのは旅に出る人、あるいは仕事をしている人の姿です。つまり、やっていること、あるいはこれからしようとすることに対して意識し、覚悟ができている人の姿です。出エジプトの過越の物語にはその過越の準備の中で、羊の食べ方についてこう書いてあります。「それを食べるときは、腰帯を締め、靴を履き、杖を手にし、急いで食べる。これが主の過越である」（出エジプト12・11）。つまり、これから主によって解放されていくイスラエルの人たちは覚悟ができているという印です。

「ともし火を灯していなさい」。ともし火はなくてはならない家庭用品で、単に照明のためだけではなく、火種を常に手元に置く手段の一つにもなったそうです。ともし火は健康、活気を意味し、消えたともし火は、その反対を意味します。

↓カードの「B　みことばに耳を傾けましょう」に移りましょう。

C　みことばを味わいましょう

「導入のことば」　レストランで年中たかれているかがり火を目にすることがあります。花火を思い浮かべてみましょう。確かに花火はきれいです。輝きが夜空に鮮やかに広がっていきますが、それも一瞬のことです。かがり火は、花火と違って一瞬のものでも、点滅する光でもありません。炭をすべて燃やし尽くすまで、周囲を照らしてくれるのです。「腰に帯をしめる」という表現は、もう一つのヒントをあたえてくれると思います。それはミサの最後のところです。それは解散ではなく、派遣です。ミサが終わって、すっきりするのではなく、新しい一週間に向かってきちんと信仰の帯を締めていくことです。

↓カードの「C　みことばを味わいましょう」に移りましょう。

D　みことばを生きましょう

「導入のことば」「あなたがたの光を人々の前に輝かしなさい。人々が、あなたがたの立派な行いを見て、あなたがたの天の父をあがめるようになるためである」（マタイ5・16）とマタイは共同体に勧告しています。帯とともし火は、イエスに従う者として、日和見信者ではなく、輝く光を放ち続ける信者であるようにという奨励です。腰に帯を締めて、ともし火をともしていなさい、つまり覚悟を決めて証ししなさいということなのです。そのように暮らして生きていくとしたら、その報いはなんと「幸い」なことでしょうか。現在、忠実かつ誠実に生きていると、報いが訪れます。主人は僕に給仕させればさせるほど、大きな幸いになるのです。

↓カードの「D　みことばを生きましょう」に移りましょう。

神の国の不思議な成長（ルカ13・18〜21）

祈りへの招き

カードの「祈りへの招き」に移りましょう。

Ａ　聖霊の助けを求める祈り

カードの「聖霊の助けを求める祈り」に移りましょう。

みことばを朗読しましょう

イエスは言われた。「神の国は何に似ているか。何にたとえようか。それは、からし種に似ている。人がこれを取って園に投げ入れた。すると それは成長し、木になった。そのため、天の小鳥たちがその大枝の中に巣を作った。」また言われた。「神の国を何にたとえようか。パン種に似ている。女

がこれを取って三サトンの粉に埋めた。すると全体が発酵した。」（新約聖書翻訳委員会訳、岩波書店）

参考箇所

主は言われた。「もしあなたがたにからし種一粒ほどの信仰があれば、この桑の木に、『抜け出して海に根を下ろせ』と言っても、言うことを聞くであろう。」（ルカ17・6）

イエスは言われた。「神の国を何にたとえようか。どのようなたとえで示そうか。それは、からし種のようなものである。土に蒔くときには、地上のどんな種よりも小さいが、蒔くと、成長してどんな野菜よりも大きくなり、葉の陰に空の鳥が巣を作れるほど大きな枝を張る。」（マルコ4・30～32）

神に従う人はなつめやしのように茂り／レバノンの杉のようにそびえます。主の家に植えられ／わたしたちの神の庭に茂ります。白髪になってもなお実を結び／命に溢れ、いきいきとし／述べ伝えるでしょう。（詩編92・13～16）

イエスが十字架につけられた所には園があり、そこには、だれもまだ葬られたことのない新しい墓があった。（ヨハネ19・41）

Ｂ　みことばに耳を傾けましょう

「導入のことば」「神の国は一粒のからし種に似ている」よりも「神の国は一粒のからし種と同じ関係にあります」と言ったほうがいいです。マルコ福音書参照箇所によると針の頭ほどのからし種は、土に蒔くときには、地上のどんな種よりも小さいです。しかし、それが育つと、成長して、大きくなり、葉の陰に空の鳥が巣を作れるほど大きな枝を張ったのです。からし種の茎高は五メートルも伸びるそうです。一般的には「成長して木になり」と言われます。アラビア人は今日も「からしの木」と呼びます。また少量のパン種を粉に入れると大きく膨らみます。一サトンは一三リットルで、小麦の五〇キロで一〇〇人分のためのパンが作られます。これら二つのたとえにおいて、最初と最後の状態に注目します。二つのたとえは共通して、始まりと終わりを対比させています。目にも留まらないちっぽけな始まりと、目を見張る驚くべき終わり。それはなんという好対照でしょう。

↓カードの「Ｂ　みことばに耳を傾けましょう」に移りましょう。

C　みことばを味わいましょう

「導入のことば」　イエスの中心の教えは神の国とその到来なのです。すべての動詞は過去形です。これによって伝えられるメッセージはなんと確信的なことになるでしょう。神の国は「すでに」働いているし、目立たない形で、すでに活動しています。実はパンは、酵母になっているパン種によって粉を醗酵させ、その結果は新しいもの、パン、そしてできあがった量は、最初の量と比較すれば、倍になっているでしょう。

ヨハネ福音の表現を借りると「一粒の麦は、地に落ちて死ななければ、一粒のままである。だが、死ねば、多くの実を結ぶ」（ヨハネ12・24）。植物は枯れると腐ってしまいますが、一粒の麦は芽生え、実を結ぶのです。「ぶどう園」と違って「園」という言葉はイエスの遺体が納められた場所と同じ言葉です。聖書にはもう一つの園があります。それはエデンの園。あそこで、アダムとイブの原罪によって悪、つまり罪と死がこの世に入ってきました。この園で、イエスの復活によってこの世の罪、悪、死に打ち勝たれたのです。イエスは福音をのべ伝えながら、すべての人を神の国の宴会に招かれます。一人ひとりの席もすでに用意されています。

↓カードの「C　みことばを味わいましょう」に移りましょう。

D　みことばを生きましょう

「導入のことば」　日本では、キリスト教徒は超少数派で、まさにからしの種のようなものに見えます。その存在と影響はすぐにはっきりとは見えないが、すでに働いています。日本のカトリックの歴史の中で殉教したキリスト者は、大部分は女性と子どもで、多くの場合、家族として殉教しました。女性はいのちをこの世に誕生させる恵みと力を与えられています。さらに母親には、その授けられた新しいいのちを守り、育む喜びと使命も与えられています。同時に、人として、妻として、母として家族のために苦しみ、涙することも受け入れなければならないのです。さらに、その祈りと犠牲の模範によって永遠のいのちを教え、育てる使命を与えられています。これも神の国の働きで、その実現の一環です。現在、日本の人口は約一億二千万人で、それに対してキリスト教人口は百万人、一パーセントにもなっていません。まさにパン種の粉になりますように。

→カードの「D　みことばを生きましょう」に移りましょう。

金持ちとラザロ（ルカ16・19〜31）

祈りへの招き
カードの「祈りへの招き」に移りましょう。

A　聖霊の助けを求める祈り
カードの「聖霊の助けを求める祈り」に移りましょう。

みことばを朗読しましょう

「ある金持ちがいた。いつも紫の衣や柔らかい麻布を着て、毎日ぜいたくに遊び暮らしていた。この金持ちの門前に、ラザロというできものだらけの貧しい人が横たわり、その食卓から落ちる物で腹を満たしたいものだと思っていた。犬もやって来ては、そのできものをなめた。やがて、この貧しい人は死んで、天使たちによって宴席にいるアブラハムのすぐそばに連れて行かれた。金持ちも死んで葬られた。そして、金持ちは陰府でさいなまれながら目を上げると、宴席でアブラハムとそのすぐそばにいるラザロとが、はるかかなたに見えた。そこで、大声で言った。『父アブラハムよ、わたしを憐れんでください。ラザロをよこして、指先を水に浸し、わたしの舌を冷やさせてください。わたしはこの炎の中でもだえ苦しんでいます。』しかし、アブラハムは言った。『子よ、思い出してみるがよい。お前は生きている間に良いものをもらっていたが、ラザロは反対に悪いものをもらっていた。今は、ここで彼は慰められ、お前はもだえ苦しむのだ。そればかりか、わたしたちとお前たちの間には大きな淵があって、ここからお前たちの方へ渡ろうとしてもできないし、そこからわたしたちの方に越えて来ることもできない。』金持ちは言った。『父よ、ではお願いです。わたしの父親の家にラザロを遣わしてください。わたしには兄弟が五人います。あの者たちまで、こんな苦しい場所に来ることのないように、よく言い聞かせてください。』しかし、アブラハムは言った。『お前の兄弟たちにはモーセと預言者がいる。彼らに耳を傾けるがよい。』金持ちは言った。『いいえ、父アブラハムよ、もし、死んだ者の中からだれかが兄弟のところに行ってやれば、悔い改めるでしょう。』アブラハムは言った。『もし、モーセと預言者に耳を傾けないのなら、たとえ死者の中から生き返る者があっても、その言うことを聞き入れはしないだろう。』」

参考箇所

王は左側にいる人たちにも言う。『呪われた者ども、わたしから離れ去り、悪魔とその手下のために用意してある永遠の火に入れ。お前たちは、わたしが飢えていたときに食べさせず、のどが渇いたときに飲ませず、旅をしていたときに宿を貸さず、裸のときに着せず、病気のとき、牢にいたときに、訪ねてくれなかったからだ。』すると、彼らも答える。『主よ、いつわたしたちは、あなたが飢えたり、渇いたり、旅をしたり、裸であったり、病気であったり、牢におられたりするのを見て、お世話をしなかったでしょうか。』そこで、王は答える。『はっきり言っておく。この最も小さい者の一人にしなかったのは、わたしにしてくれなかったことなのである。』（マタイ25・41〜45）

B　みことばに耳を傾けましょう

「導入のことば」　福音書にはたとえ話がたくさん出てきます。どのたとえ話も魅力に溢れていますが、特に、逆説的な結末のたとえ話には心惹かれるものです。しかし、魅力があると同時に、誤解を招くこともあります。このたとえ話は、その誤解を招きやすい一つの例だと思います。「アブラハムは言った。『子よ、思い出してみるがよい。お前は生きている間に良いものをもらっていたが、ラザロは反対に悪いものをもらっていた。今は、ここで彼は慰められ、お前はもだえ苦しむのだ』」と書いてありますが、例えばこの箇所の解釈が「いま苦しんでいても、我慢すれば天国に入れる」という、誤解を招く解釈になる可能性もあります。このような解釈のせいで貧富の差がなくならない、という批判を教会は歴史上、頻繁に受けてきました。このたとえ話の中心となるメッセージは、貧しい人への慰めではなく、金持ちに対する警告なのです。このたとえ話の主人公である金持ちは、わたしたちにとって反面教師です。

↓カードの「B　みことばに耳を傾けましょう」に移りましょう。

C　みことばを味わいましょう

「導入のことば」　金持ちは、毎日、気楽に暮らし、自分の富に夢中になっていて、それしか見ていなかったので、周囲のことには気づかなかったのです。門の前に横たわっていたラザロの存在に気づいていません。二人が亡くなってからはじめて、金持ちはラザロを見たということになるのです。ここでは「目、見る」というのがキーワードになります。わたしたちは、見ることによって、周りにある世界や環境とかかわります。「見る」というのは、ただ視力のことではなく、多様な意味を持っています。わかる、わからせる、見せる、伝えるという意味も含まれているでしょう。自分が見たことに対応して、判断し、行動するでしょう。例えば、わたしたちは道を渡ろうとする時、まず右と左をちゃんと見て、車が来ていないことを確認し、安全だと判断してから渡るでしょう。これは日常のことです。ささいな事柄から、大事な事柄に至るまで、こういうプロセスが働いています。まず見ること。見た上で、判断して、行動する。しかし、福音書に出てくる金持ちは、こういうプロセスをうまくやっていません。

↓カードの「C　みことばを味わいましょう」に移りましょう。

D　みことばを生きましょう

「導入のことば」　たとえ話で問題になるのは、富そのものではなく、富を持っている人の生き方と態度です。つまり、私利私欲に走り、他のものに無関心な態度が問題なのです。金持ちが陰府（よみ）にいるわけは、富を持っていたからではありません。まだ生きているうちにラザロを隣人として、しかも困っている隣人として大切にしなかったからです。多くの現代人はラザロのように物乞いをしています。生きる意味や目的を見つけられず、あるいは見失ってしまっている人が多くいます。毎年二万人以上の自殺者がいて、その中でも若者の割合が高いのです。また、子どもや高齢者への虐待、いじめという事件もたくさん起こっています。わたしたちの「社会的な」視力はどうなっているのでしょうか。世の中や周囲に対して、自分の手元や近くが見えなくなる「老眼」にならないようにしましょう。生きている間、自分だけが満足する暮らしを保とうとするのではなく、イエスのまなざしをもって周囲を見渡しながら、イエスの心をもって配慮が必要な人に目も、心も、手も、わたしたち自身を寄せていきましょう。

↓カードの「D　みことばを生きましょう」に移りましょう。

岩の上に家を建てた人（ルカ6・46〜49）

祈りへの招き
カードの「祈りへの招き」に移りましょう。

A　聖霊の助けを求める祈り
カードの「聖霊の助けを求める祈り」に移りましょう。

みことばを朗読しましょう

「わたしを『主よ、主よ』と呼びながら、なぜわたしの言うことを行わないのか。わたしのもとに来て、わたしの言葉を聞き、それを行う人が皆、どんな人に似ているかを示そう。それは、地面を深く掘り下げ、岩の上に土台を置いて家を建てた人に似ている。洪水になって川の水がその家に押し寄せたが、しっかり建ててあったので、揺り動かすことができなかった。しかし、聞いても行わない者は、土台なしで地面に家を建てた人に似ている。川の水が押し寄せると、家はたちまち倒れ、その壊れ方がひどかった。」

参考箇所

神の言葉は生きており、力を発揮し、どんな両刃の剣よりも鋭く、精神と霊、関節と骨髄とを切り離すほどに刺し通して、心の思いや考えを見分けることができるからです。(ヘブライ4・12)

言は肉となって、わたしたちの間に宿られた。わたしたちはその栄光を見た。それは父の独り子としての栄光であって、恵みと真理とに満ちていた。(ヨハネ1・14)

しかし、マリアはこれらの出来事をすべて心に納めて、思い巡らしていた。(ルカ2・19)

B　みことばに耳を傾けましょう

「導入のことば」　日本や欧米と異なり、パレスチナに四季はありません。あるのは雨季と乾季だけです。一年の半分は雨の多い季節で、しばしば大雨が降ります。残りの半年はほとんど雨が降らず、強い日照りが続きます。このため、乾季には、ほとんどの川が涸れて砂地になります。逆に、雨季になると、雨が降り続き、そこに川が流れるだけでなく、大雨によりしばしば川から水があふれて、周りを水浸しにします。古来、この水は大地を潤す重要なものであった半面、建物を倒壊させるなどの被害ももたらしていました。たとえの中にある「雨が降り」、「川があふれる」ことは、パレスチナの雨季では、それほど珍しいことではありませんでした。このように、このたとえは、万一起こるかも知れない天災についてではなく、日常的に起こり得ることについて述べているのです。当時のパレスチナにおける庶民の家の建て方についてです。当時は、土台となる地面を掘り下げて支えとする造りではなく、壁が地面と接する部分に大きな石などを積み上げて支えとする簡素な造りの家が一般的だったようです。

↓カードの「B　みことばに耳を傾けましょう」に移りましょう。

C　みことばを味わいましょう

「導入のことば」　神のことばは何かを表現します。神はその想い、愛、行動を示すからです。人は信仰をもってこれを聞き、これに応えていきます。「神はあたかも友に対するように、人に話しかける。それは彼らを自分との交わりに招き、それにあずからせるためである」。マリアは神のことばの神秘に貫かれた歩みの中で、お告げの瞬間から、教会の師また母、そして個人あるいは共同体全体とみことばとあらゆる出会いの模範です。マリアは肉となったみことばを受け入れ、それを思いめぐらし、心に納め、生かしました。聖書を読むに当たっては神と人間との会話ができるよう、それに祈りを加えることを忘れてはなりません。実際、わたしたちは祈る場合には神に話しかけ、神のことばを読む場合には神の話を聞くのです。聖アウグスティヌスは言います。「あなたの祈りは神に向けて語った言葉です。あなたが聖書を読むとき、あなたに語りかけるのは神です。あなたが祈るとき、あなたは神に語りかけるのです」。

↓カードの「C　みことばを味わいましょう」に移りましょう。

D　みことばを生きましょう

「導入のことば」　聖書への接し方は、指導や道徳的な指示より、まず対話する姿勢であることが重要です。つまり、本文に対して命令や答えを押しつけるのではなく、質問を投げかけて自問させる必要があります。ただし、霊的な生活というのは、自分の心の中のみで行うものではなく、また自分の救いのみを求めるものでもないということに気をつける必要があります。一人ひとりがみことばからくる呼びかけに置かれている場所で応え、実らせるということです。みことばとの対話の完成形となります。つまり第三者の立場から、関わりをもって実行するという能動的過程に入っていきます。最終的な目的は、日常生活とみことばを融合させ、統合することです。それは、日々の生活の中でみことばを生かすということなのです。神のみことばは、さまざまな出来事や時のしるしの中で読み取られるものです。こうした出来事やしるしを通して神はご自身を歴史の中で現されるからです。バチカン公会議の「現代世界憲章」（4）は述べます「教会は、つねに時のしるしについて吟味し、福音の光のもとにそれを解明する義務を課されている。そうすることによって教会は、現世と来世のいのちの意味、また両者の相互関係について人間が抱く永久の質問に対し、それぞれの世代に適した方法をもってこたえることができるであろう」。

↓カードの「D　みことばを生きましょう」に移りましょう。

蒔いた種（マルコ4・1～9、26～32）

祈りへの招き

カードの「祈りへの招き」に移りましょう。

A　聖霊の助けを求める祈り

カードの「聖霊の助けを求める祈り」に移りましょう。

みことばを朗読しましょう

イエスは、再び湖のほとりで教え始められた。おびただしい群衆が、そばに集まって来た。そこで、イエスは舟に乗って腰を下ろし、湖の上におられたが、群衆は皆、湖畔にいた。イエスはたとえでいろいろと教えられ、その中で次のように言われた。「よく聞きなさい。種を蒔く人が種蒔きに出て行った。蒔いている間に、ある種は道端に落ち、鳥が来て食べてしまった。ほかの種は、石だらけで土の少ない所に落ち、そこは土が浅いのですぐ芽を出した。しかし、日が昇ると焼けて、根がないために枯れてしまった。ほかの種は茨の中に落ちた。すると茨が伸びて覆いふさいだので、実を結ばなかった。また、ほかの種は良い土地に落ち、芽生え、育って実を結び、あるものは三十倍、あるものは六十倍、あるものは百倍にもなった。」そして、「聞く耳のある者は聞きなさい」と言われた。

また、イエスは言われた。「神の国は次のようなものである。人が土に種を蒔いて、夜昼、寝起きしているうちに、種は芽を出して成長するが、どうしてそうなるのか、その人は知らない。土はひとりでに実を結ばせるのであり、まず茎、次に穂、そしてその穂には豊かな実ができる。実が熟すと、早速、鎌を入れる。収穫の時が来たからである。」

更に、イエスは言われた。「神の国を何にたとえようか。どのようなたとえで示そうか。それは、からし種のようなものである。土に蒔くときには、地上のどんな種よりも小さいが、蒔くと、成長してどんな野菜よりも大きくなり、葉の陰に空の鳥が巣を作れるほど大きな枝を張る。」

参考箇所

ファリサイ派の人々は出て行き、早速、ヘロデ派の人々と一緒に、どのようにしてイエスを殺そうかと相談し始めた（マルコ３・６）

身内の人たちはイエスのことを聞いて取り押さえに来た。「あの男は気が変になっている」と言われていたからである（マルコ3・21）

エルサレムから下って来た律法学者たちも、「あの男はベルゼブルに取りつかれている」と言い、また、「悪霊の頭の力で悪霊を追い出している」と言っていた。（マルコ3・22）

「この人は、大工ではないか。マリアの息子で、ヤコブ、ヨセ、ユダ、シモンの兄弟ではないか。姉妹たちは、ここで我々と一緒に住んでいるではないか。」このように、人々はイエスにつまずいた。（マルコ6・3）

B　みことばに耳を傾けましょう

「導入のことば」　このエピソードは、ガリラヤでのイエスの宣教活動における危機的状況の中で書かれています。イエスが行う癒しと奇跡、口から出てくる知恵の言葉に対して大勢の人々は最初、熱狂的な反応を示したが、その後、態度は次第にイエス不信へと変わって、反発にまで及んでいくのです。この前の章には、三か所（マルコ3・6、3・21、3・22）ほどイエスへの反発の出来事が記されています。一か所目は、安息日にイエスが会堂で手のなえた人を癒した後、それを見ていたファリサイ派の人々は出て行き、早速、ヘロデ派の人々と一緒に、どのようにしてイエスを殺そうかと相談し始めました。二か所目は、身内の人たちは、イエスのことを聞いて取り押さえに来ました。「あの男は気が変になっている」と言われていたからです。三か所目は、エルサレムから下って来た律法学者たちも、「あの男はベルゼブルに取りつかれている」と言い、また、「悪霊の頭の力で悪霊を追い出している」と言っていました。この後の6章3節では、故郷のナザレでは、同郷の人たち、親戚および家族がイエスにつまずいたとあり、イエスは人々から排斥されます。次第に事情が悪化していきます。

↓カードの「B　みことばに耳を傾けましょう」に移りましょう。

C　みことばを味わいましょう

「導入のことば」最初のたとえでは、神のみことばはそれ自体良いもので、よく提示されるなら、実を結ぶはずであることが語られています。原文で「種は」単数形も複数形(傍線)もあります。蒔いた種の結果は、失われたもの(点線)もありますが、増殖(波線)されたものもあります。第二のたとえ話では、土地の状態に頼らないで「自ら、自発的に」実を結ぶということが主張されています。みことばはそのときが来れば、実を結ぶので、そのことに信頼を置く必要性を指摘しています。したがって、勇気を持って、みことばを蒔きましょう。みことばは一人で実を結ぶので、種を蒔いた後は実りのことを考えず、休んでもいいでしょう。第三のたとえ話では、神の国は小さなことからはじまるから、好き勝手な成果を期待してはならないというメッセージです。この章全体は、対立することば（対比）やモチーフの組み合わせで構成されています。つまり「失敗と成功」（種蒔き）、「暗示と明示」（たとえの意味とその理解）、「消失と増殖」（種の成長）、「小さな種と大きな木」（不思議な成長）などです。このたとえ話は信仰のことを現しています。神のことばは、種であり、人間の思いではなく、それを遣わす神の望むことを必ず成し遂げる、ということです。

↓カードの「C　みことばを味わいましょう」に移りましょう。

D　みことばを生きましょう

「導入のことば」　マルコ福音は、洗礼志願者（求道者）を対象とした信仰教育の書です。「よく聞きなさい」この表現はこの種のたとえ話を挟んでいます。イスラエルの民の信仰告白はこのことばで始まります。ユダヤ教・キリスト教は聞くことを土台にしています。神が語りかけて、人間が応じる、イエスに付き従う動機には識別が必要です。最初の熱心な時期が過ぎ去った後、洗礼志願者を襲う危機は何でしょうか。彼らはこう自問したでしょう、「信じたり改宗したりする人がこんなに少ないのはなぜか」と。洗礼志願者の危機だけではなく、それは、イエスに付き従うすべての人々が直面する試練なのです。わたしたちもそうです。なぜ神はわたしを向上させてくださらないのか。これほどの努力と祈りの年月の後に、なぜわたしたちは相も変わらず、いつもの小さな欠点やささやかな困難を抱え、いつも同じ平凡な人間でしかいられないのか、と自問します。そして目を周囲に移すと、別の疑問がわいてくるのです。なぜ福音は世界を変えないのか。なぜわたしたちのメッセージは魅力に乏しく、すぐに理解され実行される仕方で、人々の中に直接的反応を呼び起こさないのか、と疑問に思います。しかし、目に見えている現実に囚われ、錯覚させられている事柄から目をそらすことが必要で、目には見えないが、実際、確実に存在するものにこそ目を向けるように、というのがこの三つのたとえ話のメッセージなのです。どのたとえも、イエスの姿、イエスの働きを映し出す鏡です。わたしたちがそれに親しんで、イエスのように証をするためです。

→カードの「D　みことばを生きましょう」に移りましょう。

実のならないいちじくの木（ルカ13・1〜9）

祈りへの招き
カードの「祈りへの招き」に移りましょう。

A　聖霊の助けを求める祈り
カードの「聖霊の助けを求める祈り」に移りましょう。

みことばを朗読しましょう

ちょうどそのとき、何人かの人が来て、ピラトがガリラヤ人の血を彼らのいけにえに混ぜたことをイエスに告げた。イエスはお答えになった。「そのガリラヤ人たちがそのような災難に遭ったのは、ほかのどのガリラヤ人よりも罪深い者だったからだと思うのか。決してそうではない。言っておくが、あなたがたも悔い改めなければ、皆同じように滅びる。また、シロアムの塔が倒れて死んだあの十八人は、エルサレムに住んでいたほかのどの人々よりも、罪深い者だったと思うのか。決してそうではない。言っておくが、あなたがたも悔い改めなければ、皆同じように滅びる。」

そして、イエスは次のたとえを話された。「ある人がぶどう園にいちじくの木を植えておき、実を探しに来たが見つからなかった。そこで、園丁に言った。『もう三年もの間、このいちじくの木に実を探しに来ているのに、見つけたためしがない。だから切り倒せ。なぜ、土地をふさがせておくのか。』園丁は答えた。『御主人様、今年もこのままにしておいてください。木の周りを掘って、肥やしをやってみます。そうすれば、来年は実がなるかもしれません。もしそれでもだめなら、切り倒してください。』」

参考箇所

「主の霊がわたしの上におられる。貧しい人に福音を告げ知らせるために、主がわたしに油を注がれたからである。主がわたしを遣わされたのは、捕らわれている人に解放を、目の見えない人に視力の回復を告げ、圧迫されている人を自由にし、主の恵みの年を告げるためである。」イエスは巻物を巻き、係の者に返して席に座られた。会堂にいるすべての人の目がイエスに注がれていた。そこでイエスは、「この聖書の言葉は、今日、あなたがたが耳にしたとき、実現した」と話し始められた。（ルカ4・18〜21）

神は、すべての人々が救われて真理を知るようになることを望んでおられます。（一テモテ2・4）

彼らに言いなさい。わたしは生きている、と主なる神は言われる。わたしは悪人が死ぬのを喜ばない。むしろ、悪人がその道から立ち帰って生きることを喜ぶ。立ち帰れ、立ち帰れ、お前たちの悪しき道から。イスラエルの家よ、どうしてお前たちは死んでよいだろうか。（エゼキエル33・11）

B　みことばに耳を傾けましょう

「導入のことば」　過去に起こった事件や突然の災難に対する当時の人々の考えは、罪を犯した結果の天罰だというものでした。しかしイエスは群衆に対して、そのような考え方ではなく、自分自身を見つめ直して将来を考えるようにと招いておられます。それは、神との交わりを深め、実りを結び、神の子としてふさわしい人生を送るという、根本的なものを自分の中心にするようにという呼びかけです。

すでに洗礼者ヨハネは「蝮の子らよ、差し迫った神の怒りを免れると、だれが教えたのか。悔い改めにふさわしい実を結べ。……斧は既に木の根元に置かれている。良い実を結ばない木はみな、切り倒されて火に投げ込まれる」（ルカ3・7〜9）とメッセージを伝えました。しかし、イエスはいちじくの木のたとえ話を通して、よい知らせを語っています。「今年もこのまま」という表現は、福音書には頻繁に出てきます。「今、今日、今年」にはチャンスがあるという意味なのです。

↓カードの「B　みことばに耳を傾けましょう」に移りましょう。

C　みことばを味わいましょう

「導入のことば」「良い実を結ばない木」という言葉はこれが毎日の生活におけるわたしたちの努力と約束ですが、わたしたちは日々の暮らしの中で年月を重ねていくうちに、自分のことを「実のならないいちじくのような信者だ」と思ったことがあるかもしれません。それは「相変わらず、今年も、去年と同じで、結局だめだ」と自分を責めたり、あきらめたりする誘惑なのです。さらに、年をとると家族をはじめ、子育て、人間関係に対して、自分がこれまでやってきたことの成果を疑うことがあるかもしれません。「時間」という概念はギリシャ語で二つの言葉で表されています。一つは「時間の流れ、その年月」、もう一つは「機会、チャンス」という意味です。信仰の目で見ると、恵みに満ちた時間、恵みの時という意味になるのです。わたしたちにとって、そのような時間、チャンスとは、典礼や秘跡に与る時間、また、聖書を読み、祈る時間でしょう。

↓カードの「C　みことばを味わいましょう」に移りましょう。

D　みことばを生きましょう

「導入のことば」　過ぎ行く時間は、神からの慈しみに満ちた贈り物で、恵みの時間です。つまり、神がわたしたちの回心を望み、待っていらっしゃるという時間の贈り物です。きっと神から「今年も」というチャンスが与えられます。神にとってわたしたち一人ひとりは、大切で、見捨てることができないものなのです。神は、根気強くわたしたちを見守り、わたしたちの帰郷を望み、待っていてくださるのです。

キリスト教の回心とは、神から先にわたしたちに与えられた贈り物で、それにわたしたちが応えるという動的でダイナミックなものです。慈しみである神は、わたしたちがその呼びかけを頻繁に拒絶して、矛盾したことをやってきたわたしたちに、その贈り物を押し付けようとしないどころか、諦めることなく、まだまだ希望を抱いてくださっています。これはわたしたちと神というタテ関係だけではなく、人間同士のヨコ関係にも欠かせないことです。つまり、わたしたちは互いに寛容な態度で関わることが大切です。相手のことを一回で決めつけることなく、互いに何回もチャンスを与え合いましょう。このいちじくのたとえ話に出てくる園丁のように、信者同士、人間同士が互いに忍耐強く、希望をいっぱい持って、一人ひとりの成長のために協力し合いましょう。そもそも、わたしたち一人ひとりが神から丁寧に、忍耐強く、見守られているのですから。

↓カードの「D　みことばを生きましょう」に移りましょう。

愚かな者（ルカ12・13〜21）

祈りへの招き
カードの「祈りへの招き」に移りましょう。

Ａ　聖霊の助けを求める祈り
カードの「聖霊の助けを求める祈り」に移りましょう。

みことばを朗読しましょう

群衆の一人が言った。「先生、わたしにも遺産を分けてくれるように兄弟に言ってください。」イエスはその人に言われた。「だれがわたしを、あなたがたの裁判官や調停人に任命したのか。」そして、一同に言われた。「どんな貪欲にも注意を払い、用心しなさい。有り余るほど物を持っていても、人の命は財産によってどうすることもできないからである。」それから、イエスはたとえを話された。「ある金持ちの畑が豊作だった。金持ちは、『どうしよう。作物をしまっておく場所がない』と思い巡らしたが、やがて言った。『こうしよう。倉を壊して、もっと大きいのを建て、そこに穀物や財産をみなしまい、こう自分に言ってやるのだ。「さあ、これから先何年も生きて行くだけの蓄えができたぞ。ひと休みして、食べたり飲んだりして楽しめ」と。』しかし神は、『愚かな者よ、今夜、お前の命は取り上げられる。お前が用意した物は、いったいだれのものになるのか』と言われた。自分のために富を積んでも、神の前に豊かにならない者はこのとおりだ。」

参考箇所

あなたが食べて満足し、立派な家を建てて住み、牛や羊が殖え、銀や金が増し、財産が豊かになって、心おごり、あなたの神、主を忘れることのないようにしなさい。主はあなたをエジプトの国、奴隷の家から導き出し、炎の蛇とさそりのいる、水のない渇いた、広くて恐ろしい荒れ野を行かせ、硬い岩から水を湧き出させ、あなたの先祖が味わったことのないマナを荒れ野で食べさせてくださった。それは、あなたを苦しめて試し、ついには幸福にするためであった。あなたは、「自分の力と手の働きで、この富を築いた」などと考えてはならない。むしろ、あなたの神、主を思い起こしなさい。富を築く力をあなたに与えられたのは主であり、主が先祖に誓われた契約を果たして、今日のようにしてくださったのである。（申命記8・12〜18）

「自分の持ち物を売り払って施しなさい。擦り切れることのない財布を作り、尽きることのない富を天に積みなさい。そこは、盗人も近寄らず、虫も食い荒らさない。あなたがたの富のあるところに、あなたがたの心もあるのだ。」（ルカ12・33〜34）

B　みことばに耳を傾けましょう

「導入のことば」　このたとえ話には一つの特徴があります。それは主人公が独り言を言っています。傍線の箇所の言葉は原文ではいずれも「わたしの」という言葉が加えられています。この金持ちは「わたしのもの」を自分のために用いることだけを考えて、彼の中には神と隣人のための場所はありません。対話の相手はいないし、求めようともしません。彼は喜びを分かち合おうともしません。

紀元前一三世紀、神によってエジプトの奴隷状態から救い出されたイスラエルの民は、四〇年の荒れ野の旅を経て、約束の地の目前であるヨルダン川の東岸にたどり着きました。申命記の中心部分は、指導者であるモーセがそこにあるネボ山の山頂から約束の地を見渡しながら語る説教です。モーセは民に四〇年の荒れ野の旅を思い起こさせ、その意味を解き明かし、約束の地に入ってからどう生きるべきかを語ります。そこにある一つの危険が「富を蓄えること」でした。荒れ野では、毎日ぎりぎりの食べ物しかありませんでした。でもだからこそ一日一日神によって養われていることを感じずにはいられませんでした。しかし、富や作物を蓄えると「主を忘れる」というのです。

→カードの「B　みことばに耳を傾けましょう」に移りましょう。

C　みことばを味わいましょう

「導入のことば」「ポイントカード」は買い物の金額によってポイントを貯めるものです。天国に入るために、特別なポイントカードが必要だそうです。天国に入るためにどれだけよい行いを貯めてきたかという質問をされるのです。死んだら、財産、お金、名誉、全てをこの地上に残しますが、この地上で行った善の業は全て天国に持っていくのです。他人の世話をすることによって善行を積むことになります。心配するどころか、相手を安心させること、他人に手を差し伸べることになりますね。イエスの時代も、今の時代も、財産を残すと、遺産相続の問題が生じます。遺族として亡くなった方を一緒に悲しむどころか、家族や親戚の間の分裂になってしまう恐れは高いでしょう。一方、善行を行うと人間関係は親戚制度を超えてその輪が広まっていくのです。「お金を貯める、蓄える」、その精神はつかむ、守ることとです。「善を積み重ねる」その精神はよろこんで分かち合うことです。

↓カードの「C　みことばを味わいましょう」に移りましょう。

D　みことばを生きましょう

「導入のことば」　愚かな金持ちと同じ閉鎖的な態度で自分に閉じこもっている状態ではなく、時のしるしを読み解くことです。例えば、数年前から「スピリチュアリティ」という言葉が流行っています。それは死後の世界に限らず、現実に生きる人間のよりよく生きるための知恵と言えるでしょう。あり余るほどモノを持っていても、満たされない何かがまだ残っているのでしょう。本物の幸せ、それを探し、憧れ、渇いている現代人。また、つながりを必死で求め、複雑な対人関係に対して安心させてもらいたい現代人。それらへの対応はもともと宗教の役目だったのですが、今そのニーズに「スピリチュアリティ」が応えています。わたしたちに必要なことは、小教区とその活動に閉じこもることなく、自ら第一歩を踏み出し、人に会いに行くこと。その目的は自分を通して少なくとも一人の人をキリストに出会わせ、洗礼まで導き、共同体に迎え入れることです。信仰は分かち合うことによって、強められ、倍になります。

↓カードの「D　みことばを生きましょう」に移りましょう。

「あなたの罪は赦された」（ルカ7・36〜50）

祈りへの招き
カードの「祈りへの招き」に移りましょう。

Ａ　聖霊の助けを求める祈り
カードの「聖霊の助けを求める祈り」に移りましょう。

みことばを朗読しましょう

さて、あるファリサイ派の人が、一緒に食事をしてほしいと願ったので、イエスはその家に入って食事の席に着かれた。この町に一人の罪深い女がいた。イエスがファリサイ派の人の家に入って食事の席に着いておられるのを知り、香油の入った石膏の壺を持って来て、後ろからイエスの足もとに近寄り、泣きながらその足を涙でぬらし始め、自分の髪の毛でぬぐい、イエスの足に接吻して香油を塗った。イエスを招待したファリサイ派の人はこれを見て、「この人がもし預言者なら、自分に触れている女がだれで、どんな人か分かるはずだ。罪深い女なのに」と思った。そこで、イエスがその人に向かって、「シモン、あなたに言いたいことがある」と言われると、シモンは、「先生、おっしゃってください」と言った。イエスはお話しになった。「ある金貸しから、二人の人が金を借りていた。一人は五百デナリオン、もう一人は五十デナリオンである。二人には返す金がなかったので、金貸しは両方の借金を帳消しにしてやった。二人のうち、どちらが多くその金貸しを愛するだろうか。」シモンは、「帳消しにしてもらった額の多い方だと思います」と答えた。イエスは、「そのとおりだ」と言われた。そして、女の方を振り向いて、シモンに言われた。「この人を見ないか。わたしがあなたの家に入ったとき、あなたは足を洗う水もくれなかったが、この人は涙でわたしの足をぬらし、髪の毛でぬぐってくれた。あなたはわたしに接吻の挨拶もしなかったが、この人はわたしが入って来てから、わたしの足に接吻してやまなかった。あなたは頭にオリーブ油を塗ってくれなかったが、この人は足に香油を塗ってくれた。だから、言っておく。この人が多くの罪を赦されたことは、わたしに示した愛の大きさで分かる。赦されることの少ない者は、愛することも少ない。」そして、イエスは女に、「あなたの罪は赦された」と言われた。同席の人たちは、「罪まで赦すこの人は、いったい何者だろう」と考え始めた。イエスは女に、「あなたの信仰があなたを救った。安心して行きなさい」と言われた。

参考箇所

イエスのすぐ隣には、弟子たちの一人で、イエスの愛しておられた者が食事の席に着いていた。シモン・ペトロはこの弟子に、だれについて言っておられるのかと尋ねるように合図した。その弟子が、イエスの胸もとに寄りかかったまま、「主よ、それはだれのことですか」と言〔った〕。（ヨハネ13・23〜25）

その人は、イエスが食事の前にまず身を清められなかったのを見て、不審に思った。（ルカ11・38）

B　みことばに耳を傾けましょう

「導入のことば」　新約時代には、横になって食事をする習慣が一般に行われていました（聖書では「食事の席につく」の意味は横になるということです）。幅の広い長椅子が食卓としてコの字形に並べられ、一方は給仕人の出入りのためにあけられていました。客は左肘で体を支え横になって、斜めに体を伸ばしました。したがって、左側の客の胸の辺りに右側の客の頭が来ます。各人はそれぞれ、大きな盛り皿から食物を手づかみで取って食べました（マタイ26・26）。そのためには、食事の前後に手を洗う必要がありました。人々はサンダルを履いていたので、足を洗うための水が、常時、家に用意されていました。客は、手足を洗った後、頬に口づけの挨拶と、頭にオリーブ油を注がれ、迎えられました。このようにして客をもてなすのは重要なことでした。借金のある二人の人が帳消しにされたたとえ話ですが、「借金」と「罪」はギリシャ語で同じ言葉です。フランシスコ訳の主の祈りで「わたしたちの負い日をゆるしてください。同じようにわたしたちも、わたしたちに負い目のある者をゆるします」というように訳されています。負い目、負債、借金、罪、同じ語源からくる言葉です。

↓カードの「B　みことばに耳を傾けましょう」に移りましょう。

C　みことばを味わいましょう

「導入のことば」　勇敢にイエスを自宅に招いたこの「正しい」人（シモン）は、イエスと相対して何が何だかわからなくなってしまいました。家の外では人々が、饗宴中に起きたことを聞いて、シモンの言い分を認め、多くの人々が「気の毒なシモン、彼は度量があったばかりに窮地に追い込まれた。イエスは女にそんなことをさせてはならなかったのだ」と言い合っているだろうと思うと、彼はいたたまれない気持ちだったでしょう。シモンは誰でしょうか。状況を理解しようとせず、外から見ただけでそれを評価し、その内部にまで入り込む努力をしないとき、わたしたちもシモンになります。自分自身を省み、自分たちの何が間違っているのか、と反省もせず、かたくなな心情で自分を正しいとする人、また、集団の規範から一歩も出ようとしないで、イエスと教会も含めて他人を裁くたびに、わたしたちはシモンとなるのです。

↓カードの「C　みことばを味わいましょう」に移りましょう。

D　みことばを生きましょう

「導入のことば」　シモンの家の饗宴とおしゃべりと騒ぎの中で、女は、イエスがそれ相応の尊敬をもって待遇されていないのを見て取ります。この後、女は自分にできることをします。分別など超越して、そのできることに全力投球します。彼女のしていることは、もちろん、それ自体やりすぎて、儀礼上の枠をはみ出しています。彼女が自分のために名誉回復しようと願うのなら、これほどまでする必要はなかったでしょう。彼女の願いは名誉回復ではありません。彼女は、イエスに対して当然払われるべきものが払われていない、イエスにふさわしい応対がされていないと感じ、自分はイエスに対してそれ相応の尊敬を示そうと思ったのです。こうして自分が他人にどう思われているかなど考えず、計算抜きで行動します。キリストは全体であり、全体を要求なさるから、キリストのためにすることで、それが十分であったということはまずありえません。キリストのためにすることには規則や限界がありません。彼女はそのキリストの無限性を理解しました。

↓カードの「D　みことばを生きましょう」に移りましょう。

ファリサイ派の人と徴税人（ルカ18・9〜14）

祈りへの招き
カードの「祈りへの招き」に移りましょう。

A　聖霊の助けを求める祈り
カードの「聖霊の助けを求める祈り」に移りましょう。

みことばを朗読しましょう

自分は正しい人間だとうぬぼれて、他人を見下している人々に対しても、イエスは次のたとえを話された。「二人の人が祈るために神殿に上った。一人はファリサイ派の人で、もう一人は徴税人だった。ファリサイ派の人は立って、心の中でこのように祈った。『神様、わたしはほかの人たちのように、奪い取る者、不正な者、姦通を犯す者でなく、また、この徴税人のような者でもないことを感謝します。わたしは週に二度断食し、全収入の十分の一を献げています。』ところが、徴税人は遠くに立って、目を天に上げようともせず、胸を打ちながら言った。『神様、罪人のわたしを憐れんでください。』言っておくが、義とされて家に帰ったのは、この人であって、あのファリサイ派の人ではない。だれでも高ぶる者は低くされ、へりくだる者は高められる。」

参考箇所

「祈るときにも、あなたがたは偽善者のようであってはならない。偽善者たちは、人に見てもらおうと、会堂や大通りの角に立って祈りたがる。はっきり言っておく。彼らは既に報いを受けている。」（マタイ6・5）

「医者を必要とするのは、丈夫な人ではなく病人である。『わたしが求めるのは憐れみであって、いけにえではない』とはどういう意味か、行って学びなさい。わたしが来たのは、正しい人を招くためではなく、罪人を招くためである。」（マタイ9・12〜13）

主よ、わたしの心は驕っていません。わたしの目は高くを見ていません。大き過ぎることを／わたしの及ばぬ驚くべきことを、追い求めません。わたしは魂を沈黙させます。わたしの魂を、幼子のように

／母の胸にいる幼子のようにします。（詩編131・1～2）

もしいけにえがあなたに喜ばれ／焼き尽くす献げ物が御旨にかなうのなら／わたしはそれをささげます。しかし、神の求めるいけにえは打ち砕かれた霊。打ち砕かれ悔いる心を／神よ、あなたは侮られません。（詩編51・18～19）

B　みことばに耳を傾けましょう

「導入のことば」　ファリサイ派の人と徴税人とを対比させる、ペアパターンはルカの特徴です。金持ちとラザロ、二人の犯罪人、エマオの二人の弟子など対比することによって、あるメッセージを伝えようとします。ルカはこのたとえ話を通してどんなメッセージを伝えたいのでしょうか。たとえ話の導入のことばが鍵になります。「自分は正しい人間だとうぬぼれて、他人を見下している人々に対しても、イエスは次のたとえを話された」と

「二人の人が祈るために神殿に上った」。同じところに行き、同じ目的を持ち、同じ行いをしていますが、正反対の精神とアプローチです。二人とも、神に向かって祈っていますが、ファリサイ派の人の祈りの主語は「わたし」です。断食し、税を納めることによって、掟を守りさえすれば神の前では完璧な生き方だという道徳的な人たちです。そのために、祈

りの内容は素晴らしく、願いは一つもないし、感謝までしています。しかし、自分自身には罪一つもないはずはないのに、隣人について話すとき、隣人の悪いことしか言いません。隣人を裁いてしまいます。

↓カードの「B　みことばに耳を傾けましょう」に移りましょう。

C　みことばを味わいましょう

「導入のことば」「義人」なら、それは本人の功績の結果という意味になるでしょう。しかし「義とされて家に帰ったのは、この人であって、あのファリサイ派の人ではない」。「義とされた」という表現は「無罪とされる、義と宣言されそのように扱われる、神からの賜物である義を受ける、義とされる」ことを意味します。新約聖書においては圧倒的に受動態で用いられていますが、能動態の場合は、神が主語となり、神がなさるのです。このことはマリアの賛歌（ルカ1・48、51～52）をみるとわかるでしょう。「身分の低い、この主のはしためにも目を留めてくださったからです。……主はその腕で力を振るい、思い上がる者を打ち散らし、権力ある者をその座から引き降ろし、身分の低い者を高く上げ〔ました〕」。

神の働きは人間にとって当然であることをひっくり返します。そもそも、復活がそうだったのではないでしょうか。その結果、イエスのお墓とその石は永遠の命の入り口となりました。祈りは鏡のようなもので、祈る人の心とその生き方を表しています。したがって、救いは神からの贈り物であるか、それとも祈りや愛の奉仕の報いとして期待しているかで違ってきます。

→カードの「C　みことばを味わいましょう」に移りましょう。

D　みことばを生きましょう

「導入のことば」　祈りの中でファリサイ派の人は徴税人のような罪びとではないことに感謝しています。もしかして、今、わたしたちもファリサイ派の人のようには祈らないと、感謝しているかもしれません。他人を批判する連鎖がまたもう一つの輪で増えてしまわないように注意しましょう。ファリサイ派の人はこの祈り方によって、無意識に二つの罪を犯してしまいました。一つは神に対して、その高慢な態度「わたし、わたし、わたし」です。もう一つは徴税人に対して隣人として自分のように愛するどころか、裁き、軽蔑してしまったことです。

社会の中では単純というよりも、自分の都合によって勝手に、物事を白黒に分けてしまうことがあるでしょう。いい人と悪い人、勝ち組と負け組み、バリバリ働いている人と病気の人、健常な人と障害者のある人などなどです。でも、わたしたちは、皆、一人ひとり、自分自身の中に善悪どちらも持ち合わせていながら、経験によって、その時々で自分に都合のいいように判断してしまうのではないでしょうか。わたしたちが「悪い人」とレッテルをつけた人にチャンスを残しているでしょうか。他人のうわさ、悪口、先入観に対して、他人の話をうのみにしないで、自分の判断でそれを測り、自分自身の考えを直す余裕がありますか。

↓カードの「D　みことばを生きましょう」に移りましょう。

タラントンを預かった僕たち（マタイ25・14〜30）

祈りへの招き
カードの「祈りへの招き」に移りましょう。

Ａ　聖霊の助けを求める祈り
カードの「聖霊の助けを求める祈り」に移りましょう。

みことばを朗読しましょう

「天の国はまた次のようにたとえられる。ある人が旅行に出かけるとき、僕たちを呼んで、自分の財産を預けた。それぞれの力に応じて、一人には五タラントン、一人には二タラントン、もう一人には一タラントンを預けて旅に出かけた。早速、五タラントン預かった者は出て行き、それで商売をして、ほかに五タラントンをもうけた。同じように、二タラントン預かった者も、ほかに二タラントンをもうけた。しかし、一タラントン預かった者は、出て行って穴を掘り、主人の金を隠しておいた。さて、かなり日がたってから、僕たちの主人が帰って来て、彼らと清算を始めた。まず、五タラントン預かった者が進み出て、ほかの五タラントンを差し出して言った。『御主人様、五タラントンお預けになりましたが、御覧ください。ほかに五タラントンもうけました。』主人は言った。『忠実な良い僕だ。よくやった。お前は少しのものに忠実であったから、多くのものを管理させよう。主人と一緒に喜んでくれ。』次に、二タラントン預かった者も進み出て言った。『御主人様、二タラントンお預けになりましたが、御覧ください。ほかに二タラントンもうけました。』主人は言った。『忠実な良い僕だ。よくやった。お前は少しのものに忠実であったから、多くのものを管理させよう。主人と一緒に喜んでくれ。』ところで、一タラントン預かった者も進み出て言った。『御主人様、あなたは蒔かない所から刈り取り、散らさない所からかき集められる厳しい方だと知っていましたので、恐ろしくなり、出かけて行って、あなたのタラントンを地の中に隠しておきました。御覧ください。これがあなたのお金です。』主人は答えた。『怠け者の悪い僕だ。わたしが蒔かない所から刈り取り、散らさない所からかき集めることを知っていたのか。それなら、わたしの金を銀行に入れておくべきであった。そうしておけば、帰って来たとき、利息付きで返してもらえたのに。さあ、そのタラントンをこの男から取り上げて、十タラントン持っている者に与えよ。だれでも持っている人は更に与えられて豊かになるが、持っていない人は持っているものまでも取り上げられる。この役に立たない僕を外の暗闇に追い出せ。そこで泣きわめいて歯ぎしりするだろう。』」

参考箇所

「天の国は次のようにたとえられる。ある家の主人が、ぶどう園で働く労働者を雇うために、夜明けに出かけて行った。主人は一日一デナリオンの約束で、労働者をぶどう園に送った。（マタイ20・1〜2）

行いが伴わないなら、信仰はそれだけでは死んだものです。（ヤコブ2・17）

B　みことばに耳を傾けましょう

「導入のことば」　福音書に「タラントン」という言葉が出てきます。「円」というお金の単位を使っているわたしたちにはピンときません。それは「ギリシャの貨幣の単位。一タラントンは六千デナリオン。一デナリオンは一日の日当であるから、一タラントンは約二〇年分の賃金に相当する」という説明によると一タラントンだけでも預かった僕にとって、相当な金額であることがわかります。二タラントンの人も五タラントンの人も二倍ももうけました。タラントンを利用し、もうけること、その運用は現代用語なら投資するという評価基準がこのたとえ話の一般の読み方になっています。一方、一タラントンを地の中に隠した人はバッシングされたり、あるいは「愚かな者」と言われたりします。利益を重視する現代人の目によってこのたとえ話はよく解釈されていますが、はたしてそうでしょうか。

↓カードの「B　みことばに耳を傾けましょう」に移りましょう。

C　みことばを味わいましょう

「導入のことば」　福音箇所への接し方は、まず対話する姿勢であることが重要です。福音箇所に対して答えを求めるだけではなく、質問を投げかけて自問する必要があります。例えば、わたしたちが預かったものは何でしょうか。それが天才であること、優れた才能を預かった、といったものだけではありません。

そもそも、一人ひとりは命をはじめ、信仰や健康そして仕事や時間などを預かっています。それらをどう使っているのでしょうか。言い換えれば、現状を意識し、自分の生き方を振りかえり、見極めることです。そして、その呼びかけに応え、活かすことです。すなわち、実践することです。実践する過程は、一人ひとりがみことばからくる呼びかけに対して、置かれている場所で応え、実らせるという作業です。最終的な目的は、日常生活とみことばを融合し、統合することです。それは、日々の生活の中でみことばを活かすということなのです。この福音箇所によると、「守る」ではなく商売し、投資してもうけることがたたえられ、喜びの分かち合いにつながります。「主人と一緒に喜んでくれ」。

↓カードの「C　みことばを味わいましょう」に移りましょう。

D　みことばを生きましょう

「導入のことば」　このたとえ話を見ると、わたしたち一人ひとりがどれほど神に信頼されているのかという問いが投げかけられているようです。つまり、それぞれの力に応じて信仰者が信仰を生きることは、投資するようなもので、福音宣教することに当てはまるかもしれません。また、信仰を「心の中に」しっかり隠して出さないようにしている信者は少なくありません。自分のみの信仰、個人のみの救いという道理は、もうけることなく「地の中に」隠した人の結果と同じです。信仰を投資することは自分の生き方とことばによって人に信仰をアピールし、その魅力を見せることで、それによって人がそれを欲しがるようになります。信仰は分かち合うことによって強められるのです。言い換えれば自分の心に大切にしまい込んで、公に見せない、証ししない場合、土の中に埋めてあるお金と同じことで、眠らせてしまう信仰になります。そうではなく、各キリスト者はそれぞれの力に応じて、投資（福音宣教）しましょう。
↓カードの「D　みことばを生きましょう」に移りましょう。

見出す喜び（ルカ15・1〜10）

祈りへの招き
カードの「祈りへの招き」に移りましょう。

Ａ　聖霊の助けを求める祈り
カードの「聖霊の助けを求める祈り」に移りましょう。

みことばを朗読しましょう

徴税人や罪人が皆、話を聞こうとしてイエスに近寄って来た。すると、ファリサイ派の人々や律法学者たちは、「この人は罪人たちを迎えて、食事まで一緒にしている」と不平を言いだした。そこで、イエスは次のたとえを話された。「あなたがたの中に、百匹の羊を持っている人がいて、その一匹を見失ったとすれば、九十九匹を野原に残して、見失った一匹を見つけ出すまで捜し回らないだろうか。そして、見つけたら、喜んでその羊を担いで、家に帰り、友達や近所の人々を呼び集めて、『見失った羊を見つけたので、一緒に喜んでください』と言うであろう。言っておくが、このように、悔い改める一人の罪人については、悔い改める必要のない九十九人の正しい人についてよりも大きな喜びが天にある。」

「あるいは、ドラクメ銀貨を十枚持っている女がいて、その一枚を無くしたとすれば、ともし火をつけ、家を掃き、見つけるまで念を入れて捜さないだろうか。そして、見つけたら、友達や近所の女たちを呼び集めて、『無くした銀貨を見つけましたから、一緒に喜んでください』と言うであろう。言っておくが、このように、一人の罪人が悔い改めれば、神の天使たちの間に喜びがある。」

参考箇所

イエスは言われた。「今日、救いがこの家を訪れた。この人もアブラハムの子なのだから。人の子は、失われたものを捜して救うために来たのである。」（ルカ19・9〜10）

父親は僕たちに言った。「急いでいちばん良い服を持って来て、この子に着せ、手に指輪をはめてやり、足に履物を履かせなさい。それから、肥えた子牛を連れて来て屠りなさい。食べて祝おう。この息子は、死んでいたのに生き返り、いなくなっていたのに見つかったからだ。」そして、祝宴を始めた。（ルカ15・22〜24）

B　みことばに耳を傾けましょう

「導入のことば」　イエスは自分の行いによって神のいつくしみを実現していますが、それを受け入れようとしない人たちもいます。「徴税人や罪人が皆、話を聞こうとしてイエスに近寄って来た。すると、ファリサイ派の人々や律法学者たちは、『この人は罪人たちを迎えて、食事まで一緒にしている』と不平を言いだした」。この二つのたとえ話は「徴税人や罪びと」に向けて語られたのではありません。むしろ九九人の「ファリサイ派や律法学者」に向けて語られたのです。そこで求められていることははっきりしています。九九匹の羊に、羊飼いの心をわかってほしい、ということです。この二つのエピソードはいくつかの共通点があります。ある人、男性か、女性かが大事なもの、羊か銀貨を失います。そして、それを見つけると、湧き出る「喜び」を「一緒に喜び祝います」。

→カードの「B　みことばに耳を傾けましょう」に移りましょう。

C　みことばを味わいましょう

「導入のことば」　羊を捜し求めている羊飼いと金貨を捜している女性の行動が注目され

ます。彼らは自分が失った大事なものを見つけたときに、じっとしていられないほど喜んでいます。大げさなほどその喜びを分かち合わずにはいられません。このような「一緒に喜ぶ」ことがわたしたちの特徴になったら、周りにいる人たちにどういう印象を与えるでしょう。「どうして明るい顔をしているのだろうか」とか「どこからこの喜びがくるのだろうか」と聞かれるようになり、「わたしたちは神に愛されています」という喜びの原因を宣言します。それは、わたしたちの価値や功績や長所のためではなく、神が一人ひとりの愛の必要に応じて慈しみを注いでくださるからです。だから、罪びとであることを意識し気づいた時、「もう駄目だ」という宣告を下されたのではなく、神の愛と赦しの体験、実感の始まりだと自分に勇気と希望を与えましょう。

→カードの「C　みことばを味わいましょう」に移りましょう。

D　みことばを生きましょう

「導入のことば」　わたしたちはミサに与るたびに、一緒に喜びをもって神に感謝します。一緒に信仰を生きるというのは、信仰の一つの側面を表し、それは信仰によるつながりと言えるでしょう。「一緒に」と同じように「喜び」も、信仰のもう一つの側面を指示しています。「天罰を恐れているから掟を守る」というような信仰ではなく、天の父が迷子になったわたしたちを自ら、必死に捜し出してくださるから感謝し、信じているという信仰なのです。今度、捜し出されたわたしには、人生の道で迷子になった人たちのために、「見つけるまで」その羊飼い、その女のようになる使命があります。また、教会の一員として信仰共同体がますます「一緒に喜んでいる」集いになるように、貢献する使命もあります。教会は見つけ出された人たちの集まりなのです。

↓カードの「D　みことばを生きましょう」に移りましょう。

見失った羊（マタイ18・12〜13）

祈りへの招き

カードの「祈りへの招き」に移りましょう。

A　聖霊の助けを求める祈り

カードの「聖霊の助けを求める祈り」に移りましょう。

みことばを朗読しましょう

あなたがたはどう思うか。ある人が羊を百匹持っていて、その一匹が迷い出たとすれば、九十九匹を山に残しておいて、迷い出た一匹を捜しに行かないだろうか。はっきり言っておくが、もし、それを見つけたら、迷わずにいた九十九匹より、その一匹のことを喜ぶだろう。そのように、これらの小さな者が一人でも滅びることは、あなたがたの天の父の御心ではない。」

参考箇所

「あなたがたの中に、百匹の羊を持っている人がいて、その一匹を見失ったとすれば、九十九匹を野原に残して、見失った一匹を見つけ出すまで捜し回らないだろうか。そして、見つけたら、喜んでその羊を担いで、家に帰り、友達や近所の人々を呼び集めて、『見失った羊を見つけたので、一緒に喜んでください』と言うであろう。言っておくが、このように、悔い改める一人の罪人については、悔い改める必要のない九十九人の正しい人についてよりも大きな喜びが天にある。」（ルカ15・4〜7）

そのとき、弟子たちがイエスのところに来て、「いったいだれが、天の国でいちばん偉いのでしょうか」と言った。そこで、イエスは一人の子供を呼び寄せ、彼らの中に立たせて、言われた。「はっきり言っておく。心を入れ替えて子供のようにならなければ、決して天の国に入ることはできない。自分を低くして、この子供のようになる人が、天の国でいちばん偉いのだ。わたしの名のためにこのような一人の子供を受け入れる者は、わたしを受け入れるのである。」（マタイ18・1〜5）

B　みことばに耳を傾けましょう

「導入のことば」　この箇所の前に「これらの小さな者を一人でも軽んじないように気を

つけなさい。言っておくが、彼らの天使たちは天でいつもわたしの天の父の御顔を仰いでいるのである」とあります。そうすると、このたとえ話は「これらの小さな者」という警告文に挟まれているのです。注目は小さい者に注がれます。小さな者に対する配慮は可愛がってあげることとはまったく違います。聖書の時代に小さなもの、つまり子どもたちは、価値のない存在です。お金、力、権力を持っていないからです。イエスのことばは、社会的な価値と地位のない者のための強い警告です。彼らを軽んじないように、彼らが滅びないようにというのは天の父の御心だからです。わたしたちはルカ福音書15章にあるよく似ているたとえ話を思い出します。山で迷子になった羊を見つけた良い羊飼いの喜びです。この同じようなたとえ話は、マタイ福音書では教会共同体に適用されています。マタイはわたしたち共同体に対してイエスのことばを受け入れる態度が必要だというメッセージを伝えます。

↓カードの「B　みことばに耳を傾けましょう」に移りましょう。

C　みことばを味わいましょう

「導入のことば」　本文には「迷い出る」は二回、「迷わず」は一回あります。「滅びる」

は迷い出た結果を意味します。羊にとって迷い出るのはいのちが危険にさらされることです。羊は群れを離れてしまい、囲いに戻れず、崖から落ちてしまうことがありえるからです。同様に共同体から逃げることの原因は共同体に対する関心や信頼と満足感を失うことにあります。信者の場合、迷子になるということはキリスト教的生活の実践を捨てることをも意味し、人間の場合は人生に対する希望を失うということも意味します。例えば、神を探し求めるのが困難な人、人生の意味を見つけられない人、教会の道を歩んでも喜びに出あえない人などです。このような人々が多いというよりも、その人たちはわたしたちです。だれでも人生の途上でいくたびか迷子になるという経験を味わうでしょう。決して、わたしは迷子にならい人で、迷子になった人を捜す人であるというように思い込まないように、意識しましょう。だからこそさまよった人と捜す人とを区別せず、互いに助け合っていきましょう。

↓カードの「C　みことばを味わいましょう」に移りましょう。

D　みことばを生きましょう

「導入のことば」　この箇所では迷子になった者を捜すことが中心的なメッセージです。

この視点から共同体であるわたしたちにとって捜すことはどういう意味なのかと自問しましょう。「捜す」とは、配慮すること、必要としている人の世話をすることや彼らに心配りすること、その苦しみ、不安、つまり無言の心の叫びに耳を傾けることです。言い換えれば相手の心の中に起こっていることに注意することなのです。具体的にそれは、教会の価値観と習慣を理解し、それらに従おうとしてあくせくしている人に対して、共同体がその困難を思いやって環境を整えることは、わたしたち一人ひとりの使命なのです。「もし、それを見つけたら、迷わずにいた九十九匹より、その一匹のことを喜ぶだろう」。迷子になった者を見つけたことが喜びの源となるのです。わたしたちにとって、捜すことは和解することに繋がり、具体的に生きる意味を失った人が人生と和解し、人間関係から遠ざかっていた人が社会と和解することは、人生や人間への信頼を回復することなのです。

↓カードの「D　みことばを生きましょう」に移りましょう。

五千人にパンを配る（ルカ9・11～17）

祈りへの招き
カードの「祈りへの招き」に移りましょう。

Ａ　聖霊の助けを求める祈り
カードの「聖霊の助けを求める祈り」に移りましょう。

みことばを朗読しましょう

群衆はそのことを知ってイエスの後を追った。イエスはこの人々を迎え、神の国について語り、治療の必要な人々をいやしておられた。日が傾きかけたので、十二人はそばに来てイエスに言った。「群衆を解散させてください。そうすれば、周りの村や里へ行って宿をとり、食べ物を見つけるでしょう。わたしたちはこんな人里離れた所にいるのです。」しかし、イエスは言われた。「あなたがたが彼らに食べ物を与えなさい。」彼らは言った。「わたしたちにはパン五つと魚二匹しかありません、このすべての人々のために、わたしたちが食べ物を買いに行かないかぎり。」というのは、男が五千人ほどいたからである。イエスは弟子たちに、「人々を五十人ぐらいずつ組にして座らせなさい」と言われた。弟子たちは、そのようにして皆を座らせた。すると、イエスは五つのパンと二匹の魚を取り、天を仰いで、それらのために賛美の祈りを唱え、裂いて弟子たちに渡しては群衆に配らせた。すべての人が食べて満腹した。そして、残ったパンの屑を集めると、十二籠もあった。

参考箇所

主はモーセに言われた。「見よ、わたしはあなたたちのために、天からパンを降らせる。民は出て行って、毎日必要な分だけ集める。わたしは、彼らがわたしの指示どおりにするかどうかを試す。」（出エジプト16・4）

一人の男がバアル・シャリシャから初物のパン、大麦パン二十個と新しい穀物を袋に入れて神の人のもとに持って来た。神の人は、「人々に与えて食べさせなさい」と命じたが、召し使いは、「どうしてこれを百人の人々に分け与えることができましょう」と答えた。エリシャは再び命じた。「人々に与えて食べさせなさい。主は言われる。『彼らは食べきれずに残す。』」召し使いがそれを配ったところ、主の言葉のとおり彼らは食べきれずに残した。（列王記下4・42～44）

B　みことばに耳を傾けましょう

「導入のことば」　この箇所は緊急事態が発生したような場面に似ています。一日が終わろうとしています。人里離れたところで、間もなく暗くなり、しかもお腹の空いた男たちに食べさせられるかというピンチで、弟子たちの心配はわかります。それほど大勢の人々に対して、五つのパンと二匹の魚しかありません。それでは無理です。早く解散させることで、一人ひとりが自分で食べ物を探し求めることになります。弟子たちは「解散」というやり方で問題解決を図ろうとしています。皆さんはどう思いますか。もし、自分が弟子たちの立場なら、同じ対応をするでしょうか。お弁当の配達をしようとしてもすぐ確保はできないし、できるとしても、例えば夏なら、食中毒になる可能性もあるし、やはり解散させることが常識的で、安心安全です。確かに問題に対して素早く手間のかからない方法で解決しようとしました。しかし、この五千人のことがどこまで配慮されているでしょうか。

↓カードの「B　みことばに耳を傾けましょう」に移りましょう。

C　みことばを味わいましょう

「導入のことば」　イエスの対応は違います。イエスはまず、弟子たちに関わってもらいます。「あなたたちが彼らに食べ物を与えなさい」、「人々を五十人ぐらいずつ組にして座らせなさい」、次にパンを「弟子たちに渡しては群衆に配らせた」。弟子たちとイエスとの関係は協力すること、そして弟子たちと群衆との関係は奉仕すること、という二つの関係を通して、このパンを群衆に与えるエピソードの共同体的な次元がはっきりと見られます。それはキリストの体の一部として、互いに、配慮し合い、組織としての横のつながり、交わることを大切にします。現在、さらに悪化してきた「孤食」という現象があり、食における人との交わりや横のつながりが希薄になっているのです。キリストの体としての聖体と信仰共同体についても、似たようなことが言えるのではないでしょうか。毎週同じミサに与っていても、どれだけの交わりの中に入っているでしょうか。ミサを孤食の場にせず、共同体の交わりを深めましょう。

↓カードの「C　みことばを味わいましょう」に移りましょう。

D　みことばを生きましょう

「導入のことば」　このエピソードを注意深く読むと、イエスの動作は「パンを増やす」行為ではなく、「パンを配る」、また「配らせる」行為として描かれていることが分かります。また、旧約の場面が反映されています。参考箇所の一つ目は、出エジプト記16章の、砂漠でさまよう神の民の「マナ」の経験です。この箇所で、天からのパンであるマナは「毎日必要な分だけ」与えられたのです。二つ目の列王記下（4・42〜44）のエリシャの物語では、エリシャは百人にパンを与えましたが、イエスがパンを与えた人の数は、男が五千人、それをはるかに超えています。男が五千人もいたのに、「すべての人が食べて満腹した。そして、残ったパンの屑を集めると、十二籠もあった」。これらは、社会でも、教会においてもさまざまな課題に直面しているわたしたちに、「イエスを中心とする共同体なら、弟子たちのように、イエスにつながり、その手となれる」という希望を伝えるメッセージではないでしょうか。

↓カードの「D　みことばを生きましょう」に移りましょう。

出血病の女性の勇気と信仰（マルコ5・25～34）

祈りへの招き

カードの「祈りへの招き」に移りましょう。

A　聖霊の助けを求める祈り

カードの「聖霊の助けを求める祈り」に移りましょう。

みことばを朗読しましょう

さて、ここに十二年間も出血の止まらない女がいた。多くの医者にかかって、ひどく苦しめられ、全財産を使い果たしても何の役にも立たず、ますます悪くなるだけであった。イエスのことを聞いて、群衆の中に紛れ込み、後ろからイエスの服に触れた。「この方の服にでも触れればいやしていただける」と思ったからである。すると、すぐ出血が全く止まって病気がいやされたことを体に感じた。イエスは、自分の内から力が出て行ったことに気づいて、群衆の中で振り返り、「わたしの服に触れたのはだれか」と言われた。そこで、弟子たちは言った。「群衆があなたに押し迫っているのがお分かりでしょう。それなのに、『だれがわたしに触れたのか』とおっしゃるのですか。」しかし、イエスは、触れた者を見つけようと、辺りを見回しておられた。女は自分の身に起こったことを知って恐ろしくなり、震えながら進み出てひれ伏し、すべてをありのまま話した。イエスは言われた。「娘よ、あなたの信仰があなたを救った。安心して行きなさい。もうその病気にかからず、元気に暮らしなさい。」

本文の前後の箇所

〔ヤイロは〕しきりに願った。「わたしの幼い娘が死にそうです。どうか、おいでになって手を置いてやってください。そうすれば、娘は助かり、生きるでしょう。」そこで、イエスはヤイロと一緒に出かけて行かれた。大勢の群衆も、イエスに従い、押し迫って来た。（マルコ5・23～24）

そして、子供の手を取って、「タリタ、クム」と言われた。これは、「少女よ、わたしはあなたに言う。起きなさい」という意味である。少女はすぐに起き上がって、歩きだした。もう十二歳になっていたからである。（マルコ5・41～42）

参考箇所

イエスは賽銭箱の向かいに座って、群衆がそれに金を入れる様子を見ておられた。大勢の金持ちがたくさん入れていた。ところが、一人の貧しいやもめが来て、レプトン銅貨二枚、すなわち一クァドランス〔一デナリオンの六四分の一、一デナリオンは当時の労働者の一日の賃金に相当〕を入れた。イエスは、弟子たちを呼び寄せて言われた。「はっきり言っておく。この貧しいやもめは、賽銭箱に入れている人の中で、だれよりもたくさん入れた。」（マルコ12・41〜43）

B　みことばに耳を傾けましょう

「導入のことば」　この箇所が置かれた文脈を見ますと、ヤイロの娘の蘇えるエピソードの中に挟まれています。ここにも女性が登場します。また「一二」という数字も記されています。「そうすれば、娘は助かり、生きるでしょう」と「いやしていただける」と「あなたの信仰があなたを救った」は、原文では同じ動詞です。「いやす」とともに「救う、助ける」と言う意味です。全部、完全な救い、いやしと言うことになります。この視点から見れば、多くのいやしのエピソードからもっと多くの意味を得られるでしょう。人間性すべてが物理的、社会的、宗教的に復帰させられています。「一二」という数字はイスラエルの一二の部族、一二人の弟子たち、新しいイスラエルを表しますし、一年には一二の月があるという時の流れも表しています。

血はいのちです。出血病、すなわち血が流れて止まらない病気はいのちを失うことになります。大切なものを失いつつある現代人の姿と重なるのではないでしょうか。

↓カードの「B　みことばに耳を傾けましょう」に移りましょう。

C　みことばを味わいましょう

「導入のことば」　福音書によるとイエスの宣教活動には群衆が付きまとっていました。イエスの言葉を聞くために大勢の群衆が水辺に押し寄せるので、イエスはボートに乗りました。別の機会には人々が押しかけてくるので、食事をする暇もなく、また彼のもとに病人を連れて行きたい人々は屋根から病人をつり下ろさなければなりませんでした。そのような状況でも、イエスは顔と顔を合わせての短い対話、親しい語らいをし、ささいなことに気がつく方でした。やもめのわずかなさい銭やつつましく目立たないしるしに敏感で、人目を忍ぶようなしぐさに秘められた大きな意味をとらえることのできる方です。

イエスを見ると、神は細かいことにこだわる方に見えます。もっとも小さく、素朴なことの中に好んで隠れ、渇いている人にいっぱいの水を差し出すような気配りをされる方です。福音書の中でたびたび、兄弟たちの中で一番小さい者たちのたった一人に対する献身が人生に意味を与えています。「イエスは、触れた者を見つけようと、辺りを見回しておられた」。捜し出そうとされるイエスです。現代は、匿名、ペンネーム、ラジオネーム、ニックネームの時代ですが、イエスはわたしたち一人ひとりの名前を知り、呼ばれています。一対一の出会いを望まれます。

↓カードの「C　みことばを味わいましょう」に移りましょう。

D　みことばを生きましょう

「導入のことば」「多くの医者にかかって、ひどく苦しめられ、全財産を使い果たしても何の役にも立たず、ますます悪くなるだけであった」。占い、不思議な石、いやし系など表面的な治療へと向かいがちな現代人ですが、心は病気のまま置かれています。イエスの周りには無名の群衆がいます。その中のかなりの人々の体は実際にイエスに触れてさえいますが、何も起こりません。けれども、群衆の中から、一人の個性ある人格が際立ち始めます。この女性は一つの目的、はっきりとした意志、そして何よりも大きな信仰を持っています。彼女は、群衆の中でイエスに近づけないので、後ろからイエスの衣の房に触れるだけでもいやしていただけると思うほど、イエスを深く信頼していました。

「触れる」この動詞は五回も出てきます。「押し迫る」とは違って、丁寧に相手に近づき、接触する、出会うことです。まさに祈り、イエスとの対話そのものと言えるでしょう。みことばに触れる、みことばに触れられる、今、祈りを体験しているわたしたちのことでしょう。「だれがわたしに触れたのか」と呼ばれた時、「震えながら進み出てひれ伏し、すべてをありのまま話す」この女性の信仰と勇気に倣い、わたしたちもイエスと出会い対話しましょう。

→カードの「D　みことばを生きましょう」に移りましょう。

耳が聞こえず舌の回らない人をいやす（マルコ7・31〜37）

祈りへの招き
カードの「祈りへの招き」に移りましょう。

A　聖霊の助けを求める祈り
カードの「聖霊の助けを求める祈り」に移りましょう。

みことばを朗読しましょう
それからまた、イエスはティルスの地方を去り、シドンを経てデカポリス地方を通り抜け、ガリラヤ湖へやって来られた。人々は耳が聞こえず舌の回らない人を連れて来て、その上に手を置いてくださるようにと願った。そこで、イエスはこの人だけを群衆の中から連れ出し、指をその両耳に差し入れ、それから唾をつけてその舌に触れられた。そして、天を仰いで深く息をつき、その人に向かって、「エッファタ」と言われた。これは、「開け」という意味である。すると、たちまち耳が開き、舌のもつれが解け、はっきり話すことができるようになった。イエスは人々に、だれにもこのことを話してはいけない、と口止めをされた。しかし、イエスが口止めをされればされるほど、人々はかえってますます言い広めた。そして、すっかり驚いて言った。「この方のなさったことはすべて、すばらしい。耳の聞こえない人を聞こえるようにし、口の利けない人を話せるようにしてくださる。」

参考箇所

心おののく人々に言え。「雄々しくあれ、恐れるな。見よ、あなたたちの神を。敵を打ち、悪に報いる神が来られる。神は来て、あなたたちを救われる。」そのとき、見えない人の目が開き／聞こえない人の耳が開く。そのとき歩けなかった人が鹿のように躍り上がる。口の利けなかった人が喜び歌う。荒れ野に水が湧きいで／荒れ地に川が流れる。熱した砂地は湖となり／乾いた地は水の湧くところとなる。（イザヤ35・4〜7）

B　みことばに耳を傾けましょう

「導入のことば」　物語は三つの場面からなっています。一つ目の場面に出てくる人は、耳が聞こえず、言葉を発することも、意味を聞き取ることも非常に難しく、コミュニケーションの自由を奪われています。二つ目の場面では、イエスは奇跡をすぐに行いません。奇跡を見たがる群衆のざわめきからこの人を遠ざけ、彼を大切にします。彼をわきに連れて行き、いささか野蛮でショッキングな方法の肉体的なしるしを行います。耳が聞こえないことで世間の音から遮断され、自分のうちに固く閉じこもっている人に対しては、肉体的なしぐさとしるしに加えて、イエスはまなざしを天に向け、この人の置かれた悲惨な状況を共に苦しむ者であることを示す深いため息をもらされます。三つ目の場面では聞くことができ、話すことができるようになったことが回復の明確な証として描写されています。驚きと喜びがガリラヤの町や村に広がっていきます。

↓カードの「B　みことばに耳を傾けましょう」に移りましょう。

C　みことばを味わいましょう

「導入のことば」　この箇所には、耳が聞こえず口も利けないため、人間関係だけではなく社会的にも非常に不自由な状況におかれている人が登場します。人間は、耳と口を通して周囲との関係を作り上げ、そのつながりによって交流し、また共有するのです。わたしたちは、「聞くこと」と「話すこと」、つまりコミュニケーションをとることによって、お互いに気持ちや意見などを伝えます。人間関係という視点から見ると、この人は人間同士でのコミュニケーションを奪われています。耳が聞こえないため、周囲から届くはずの「音」が遮断され、自分の内に固く閉じこもっています。また、口が利けないため、気持ちや感じていることを相手に伝えることができません。要するに、孤立している存在なのです。

↓カードの「C　みことばを味わいましょう」に移りましょう。

D　みことばを生きましょう

「導入のことば」　この箇所をじっくりと黙想しながら、コミュニケーションにおける自分の欠点を振り返って見ましょう。どのようなコミュニケーションの挫折であっても、もしその失敗を認めれば、その挫折は本物のコミュニケーションへの一歩を踏み出すきっかけとなります。親しい友人の場合も、恐れて問題を起こさないとか、あいまいさや疑いを覆い隠すための慎重さよりは、むしろ、ちょっとした衝突や口論を体験するほうが、友情を回復し、そのきずなを強める場合があるでしょう。しかし、この箇所に登場する耳が聞こえず、口も利けない人がイエスと触れ合うことによって、聞くことも話すこともできるようになりました。複雑な人間関係に悩まされているわたしたちも、このような直接的な出会いに恵まれたいものです。

↓カードの「D　みことばを生きましょう」に移りましょう。

重い皮膚病を患っている十人をいやす（ルカ17・11～19）

祈りへの招き

カードの「祈りへの招き」に移りましょう。

Ａ　聖霊の助けを求める祈り

カードの「聖霊の助けを求める祈り」に移りましょう。

みことばを朗読しましょう

イエスはエルサレムへ上る途中、サマリアとガリラヤの間を通られた。ある村に入ると、重い皮膚病を患っている十人の人が出迎え、遠くの方に立ち止まったまま、声を張り上げて、「イエスさま、先生、どうか、わたしたちを憐れんでください」と言った。イエスは重い皮膚病を患っている人たちを見て、「祭司たちのところに行って、体を見せなさい」と言われた。彼らは、そこへ行く途中で清くされた。その中の一人は、自分がいやされたのを知って、大声で神を賛美しながら戻って来た。そして、イエスの足もとにひれ伏して感謝した。この人はサマリア人だった。そこで、イエスは言われた。「清くされたのは十人ではなかったか。ほかの九人はどこにいるのか。この外国人のほかに、神を賛美するために戻って来た者はいないのか。」それから、イエスはその人に言われた。「立ち上がって、行きなさい。あなたの信仰があなたを救った。」

参考箇所

主はわたしの力、わたしの盾／わたしの心は主に依り頼みます。主の助けを得てわたしの心は喜び躍ります。歌をささげて感謝いたします。(詩編28・7)

わたしは魂を注ぎ出し、思い起こす／喜び歌い感謝をささげる声の中を／祭りに集う人の群れと共に進み／神の家に入り、ひれ伏したことを。(詩編42・5)

どんなことにも感謝しなさい。これこそ、キリスト・イエスにおいて、神があなたがたに望んでおられることです。(一テサロニケ5・18)

B　みことばに耳を傾けましょう

「導入のことば」　重い皮膚病は、当時人々の恐れる伝染病の一つだったので、律法によって祭儀上汚れたものと定められていました。患者は、宗教行事や社会生活から疎外され、人の住む地域から追放されていました。彼らに近づいたものは汚れを受け、身を清めなければ祭儀にも与れなくなるからです。ですから、「清くされる」という動詞が使われています。「祭司に体を見せ……」というイエスの言葉の意味を理解するためには、旧約聖書にさかのぼる必要があります。律法によれば、汚れを帯びて社会から追放されていた人が、本当に汚れから解放されたかどうか（この場合重い皮膚病が治ったかどうか）を判断する権威は、律法によって祭司にゆだねられていました。汚れから解放されたことを証明してもらい、感謝の供え物を神にささげるために祭司のもとに行く必要があったのです。

↓カードの「B　みことばに耳を傾けましょう」に移りましょう。

C　みことばを味わいましょう

「導入のことば」「いやし」とは人間としての全体性の回復、つまり身体的にも、精神的にも、人間関係や仕事なども含めた人間の生き方全体の回復を意味しています。さらに、その回復は神による救い、神の国の到来、その実現なのです。その意味で、重い皮膚病を患っている人たちは、まだ生きている間に、社会的、宗教的に死んだ者としての扱いをされ、社会活動や祭儀に関わることが許されませんでした。荒れ野に追放され、誰とも交わることができず、生きながらにして、孤独の地獄に落とされていました。この人たちが守らなければならない掟はただ一つで、不注意で近づく人があれば、「わたしは病気にかかっている」と叫んで、自ら関係を断たなければならないというものでした。したがって、重い皮膚病がいやされるのは、死からよみがえるのと同じことでした。環境の背景としての人間関係には、罪人と義人という社会的宗教的世界の構造上の影響がありました。つまり、義人への伝染を防ぎいのちを守るために、罪人として鈴を持たされ、隔離されました。しかし、重い皮膚病がいやされると、結果として、社会復帰でき、また受け入れられたのです。

↓カードの「C　みことばを味わいましょう」に移りましょう。

D　みことばを生きましょう

「導入の言葉」　だれでも困っているとき、病気の時、「苦しい時の神頼み」という経験をしたことがあるでしょう。しかし、そういう道理なら、元気な人、困ることのない人には祈ることは必要ではないことになります。実は、逆だと思いませんか。つまり、自分は元気、健康だからこそ、健全な状態を与えられ、自分自身を生かしてくださる神に感謝すべきです。しかも、病気の時、信仰を捨てるおそれがあるとしたら、まして元気に暮らしているとき、「神はいらない」という毎日の誘惑、心のおごりがもっと強いのではないでしょうか。

感謝する人は謙遜です。人は日常生活を送りながら些細なことから、いのちにかかわることまで全能な存在ではなく、頼る存在であることを意識すればするほど、常に感謝するようになるのです。人は自分一人だけでは生きていけないから、他者に頼んでやっていただいたことに対して、心から感謝するのです。一日を振り返るときに、反省と共に感謝することも大切にしましょう。わたしたちは毎週、主の日、神に感謝するために集まっています。ミサのもう一つの名称は「感謝の祭儀」です。

↓カードの「D　みことばを生きましょう」に移りましょう。

盲人バルティマイをいやす（マルコ10・46〜52）

祈りへの招き
カードの「祈りへの招き」に移りましょう。

Ａ　聖霊の助けを求める祈り
カードの「聖霊の助けを求める祈り」に移りましょう。

みことばを朗読しましょう

一行はエリコの町に着いた。イエスが弟子たちや大勢の群衆と一緒に、エリコを出て行こうとされたとき、ティマイの子で、バルティマイという盲人の物乞いが道端に座っていた。ナザレのイエスだと聞くと、叫んで、「ダビデの子イエスよ、わたしを憐れんでください」と言い始めた。多くの人々が叱りつけて黙らせようとしたが、彼はますます、「ダビデの子よ、わたしを憐れんでください」と叫び続けた。イエスは立ち止まって、「あの男を呼んで来なさい」と言われた。人々は盲人を呼んで言った。「安心しなさい。立ちなさい。お呼びだ。」盲人は上着を脱ぎ捨て、躍り上がってイエスのところに来た。イエスは、「何をしてほしいのか」と言われた。盲人は、「先生、目が見えるようになりたいのです」と言った。そこで、イエスは言われた。「行きなさい。あなたの信仰があなたを救った。」盲人は、すぐ見えるようになり、なお道を進まれるイエスに従った。

参考箇所

一行はベトサイダに着いた。人々が一人の盲人をイエスのところに連れて来て、触れていただきたいと願った。イエスは盲人の手を取って、村の外に連れ出し、その目に唾をつけ、両手をその人の上に置いて、「何か見えるか」とお尋ねになった。すると、盲人は見えるようになって、言った。「人が見えます。木のようですが、歩いているのが分かります。」そこで、イエスがもう一度両手をその目に当てられると、よく見えてきていやされ、何でもはっきり見えるようになった。イエスは、「この村に入ってはいけない」と言って、その人を家に帰された。（マルコ８・22〜26）

B　みことばに耳を傾けましょう

「導入のことば」　バルティマイは、道端に座って物乞いをしていました。彼の生活は、他者の寛容な心と施しによってのみ、成り立っていました。大勢の人が毎日、彼の前を通り過ぎていきます。けれども、彼には、その声と足音しかわからなかったのです。自分の周りの非常に狭い範囲でしか、行き来する人とつながることができなかったので、盲人は広い世界を知ることができませんでした。彼は知らない世界を見たいと思ったでしょう。その面で、人生の物乞いでもありました。このエピソードは「道の途中」で行われ、「エリコを出て行こうとされていたとき」から始まり、「なお道を進まれる」で終わります。さらに、「イエスに従った」という表現はペトロと他の弟子の召命の場面で使われている表現ですから、バルティマイも師弟の道を歩んで行きます。その道はどこに導かれるのでしょうか。続く場面はエルサレムの入城で受難物語が展開していくところです。弟子たちは以前に三回も受難予告を聴いていましたが理解できずにいます。やはり受難の出来事を理解するためには格別に凝視する必要があります。

↓カードの「B　みことばに耳を傾けましょう」に移りましょう。

C　みことばを味わいましょう

「導入のことば」　イエスは歩きながら大勢の人々に囲まれています。盲人バルティマイは道端で物乞いをしています。イエスと盲人バルティマイは、はじめは群衆にさえぎられているため、互いに会えない状況にいます。どうしてもイエスに会いたいから、勇気を出して、叫び出します。群衆と違って盲人バルティマイは、人格的な出会い、「一対一」での出会いを求めています。

盲人ですから、所有物の管理は手の届く範囲です。上着は一番必要なものだったでしょう。しかし、イエスに呼ばれて、「上着を脱ぎ捨て」ました。イエスに呼ばれたことに対するバルティマイの反応は弟子たちの反応と同じです。「網を捨て」てイエスに従っていく反応です。イエスと、二人の間に対話が始まります。「何をしてほしいのか」と聞かれたバルティマイは、「目が見えるようになりたいのです」と答えます。

→カードの「C　みことばを味わいましょう」に移りましょう。

D　みことばを生きましょう

「導入のことば」「見る」とその反対の「見えない」という表現は、単にその物が視覚的に見えるかどうかという意味を表しているわけではありません。人生の途上で、わたしたちは落ち込んだり、孤独を感じたり、他者から理解してもらえなかったりします。これは、人間である限り、誰もがする経験です。将来が暗く、先が見えない時、そして何を支えに生きていけばよいのかわからない時、わたしたちは闇の中にいるように、何も見えなくなります。信仰はこんな状況に置かれているわたしたちを支え、導いてくれます。自分の歩む人生の先が見えてくる時の喜び、それが「信仰の目」です。信仰の目で人生を見つめることで、人生に光がさします。信仰のある人は、そのまなざしに基づいて生きていき、その視点から人と物事を見て判断し、人生の道を歩んでいくのです。

↓カードの「D　みことばを生きましょう」に移りましょう。

「なぜ怖がるのか」（マルコ４・35〜41）

祈りへの招き

カードの「祈りへの招き」に移りましょう。

Ａ　聖霊の助けを求める祈り

カードの「聖霊の助けを求める祈り」に移りましょう。

みことばを朗読しましょう

その日の夕方になって、イエスは、「向こう岸に渡ろう」と弟子たちに言われた。そこで、弟子たちは群衆を後に残し、イエスを舟に乗せたまま漕ぎ出した。ほかの舟も一緒であった。激しい突風が起こり、舟は波をかぶって、水浸しになるほどであった。しかし、イエスは艫《とも》の方で枕をして眠っておられた。弟子たちはイエスを起こして、「先生、わたしたちがおぼれてもかまわないのですか」と言った。イエスは起き上がって、風を叱り、湖に、「黙れ。静まれ」と言われた。すると、風はやみ、すっかり凪になった。イエスは言われた。「なぜ怖がるのか。まだ信じないのか。」弟子たちは非常に恐れて、「いったい、この方はどなたなのだろう。風や湖さえも従うではないか」と互いに言った。

参考箇所

一行は、湖の向こう岸にあるゲラサ人の地方に着いた。（マルコ5・1）

シモンとその仲間はイエスの後を追い、見つけると、「みんなが捜しています」と言った。イエスは言われた。「近くのほかの町や村へ行こう。そこでも、わたしは宣教する。そのためにわたしは出て来たのである。」（マルコ1・36〜38）

B　みことばに耳を傾けましょう

「導入のことば」「その日の夕方」とはどの日でしょうか。この前の節で、イエスがたとえ話（種蒔き。目立たずに成長する種のように、神の国も、神の働き方によって成長する。

マルコ4・26～32）について語られた日です。「夕方」には一日の溜まった疲れを解消したかったことでしょう。ゆっくりとしたいのに、「向こう岸に渡ろう」とイエスに言われた弟子たち。次に続く5章1節を見ると「向こう岸」は「ゲラサ人の地方」です。ゲラサはガリラヤ湖東南のデカポリス地方の中心地名です。「デカポリス」とはギリシア語で「一〇の町」を意味します。そこはユダヤ人から見れば異邦人の世界でした。イエスが異邦人の土地に向かおうとしたのは、異邦人にも神の国の福音を告げるためだったと考えてよいでしょう。「向こう岸に渡ろう」と呼びかけるイエス自身は、神のみ心に従い、自分のすべきことを自覚していますが、弟子たちはそうではなかったのかもしれません。「先生、わたしたちがおぼれてもかまわないのですか」という弟子たちの叫びは、「本当は行きたくないのに先生が言われたから船出した、その結果がこんなありさまだ！」という不平のようにも聞こえます。

↓カードの「B　みことばに耳を傾けましょう」に移りましょう。

C　みことばを味わいましょう

「導入のことば」　災害が起こった時や罪のない子供が犠牲になった事件があるたびに

「神がいるならどうして」ということばをよく耳にします。その背景に、ものすごく狭く偏よった神のイメージがあるからです。実はイエスの説いている神は人間になられ、「わたしたちと共におられる神」なのです。実際、イエスは浜辺に立って遠くから嵐に遭っている弟子たちを見ているのではなく、聖書にあるように「イエスを船に乗せたまま漕ぎ出した」。つまり、嵐の只中にいる弟子たちと共に、そばにいるという存在です。この箇所から学ぶと、イエスのそばにいるという実感は本人の希望通り、思い通りというわけではありません。キリスト教の信仰は試練から免れるという約束ではなく、試練の中で共におられる神なのです。

↓カードの「C　みことばを味わいましょう」に移りましょう。

D　みことばを生きましょう

「導入のことば」　初代教会の中で、このような出来事はどんなときに思い出されたのでしょうか。教会の活動がうまく進まないとき、嵐の中の舟のように、逆風のため漕ぎ悩み、舟が沈みそうになるのを感じるとき、しかも、イエスがまるで「艫《とも》の方で枕をして眠っておられた」かのように、何の助けも感じられない時だったのではないでしょうか。その中でこの出来事を思い出し、イエスへの信頼を取り戻し、困難を乗り越えることができた、そういう体験が初代教会の中には何度も何度もあったことでしょう。わたしたちの中にもそういう体験があるでしょうか？　イエスが復活して今もわたしたちと共にいる、ということは、もしかしたら平穏な無風状態のときよりも、嵐のような困難の中でこそ、深く受け止めることができるのかもしれません。そのとき、わたしたちは「向こう岸に渡ろう」、「なぜ怖がるのか。まだ信じないのか」というイエスの言葉を、わたしたち自身に向かって語り、復活のイエスの力強い励ましの言葉として聞くことができるのではないでしょうか。

↓カードの「D　みことばを生きましょう」に移りましょう。

汚れた霊に取りつかれた子をいやす（マルコ9・14～29）

祈りへの招き

カードの「祈りへの招き」に移りましょう。

A　聖霊の助けを求める祈り

カードの「聖霊の助けを求める祈り」に移りましょう。

みことばを朗読しましょう

一同がほかの弟子たちのところに来てみると、彼らは大勢の群衆に取り囲まれて、律法学者たちと議論していた。群衆は皆、イエスを見つけて非常に驚き、駆け寄って来て挨拶した。イエスが、「何を議論しているのか」とお尋ねになると、群衆の中のある者が答えた。「先生、息子をおそばに連れて参りました。この子は霊に取りつかれて、ものが言えません。霊がこの子に取りつくと、所かまわず地面に引き倒すのです。すると、この子は口から泡を出し、歯ぎしりして体をこわばらせてしまいます。この霊を追い出してくださるようにお弟子たちに申しましたが、できませんでした。」イエスはお答えになった。「なんと信仰のない時代なのか。いつまでわたしはあなたがたと共にいられようか。いつまで、あなたがたに我慢しなければならないのか。その子をわたしのところに連れて来なさい。」人々は息子をイエスのところに連れて来た。霊は、イエスを見ると、すぐにその子を引きつけさせた。その子は地面に倒れ、転び回って泡を吹いた。イエスは父親に、「このようになったのは、いつごろからか」とお尋ねになった。父親は言った。「幼い時からです。霊は息子を殺そうとして、もう何度も火の中や水の中に投げ込みました。おできになるなら、わたしどもを憐れんでお助けください。」イエスは言われた。「『できれば』と言うか。信じる者には何でもできる。」その子の父親はすぐに叫んだ。「信じます。信仰のないわたしをお助けください。」イエスは、群衆が走り寄って来るのを見ると、汚れた霊をお叱りになった。「ものも言わせず、耳も聞こえさせない霊、わたしの命令だ。この子から出て行け。二度とこの子の中に入るな。」すると、霊は叫び声をあげ、ひどく引きつけさせて出て行った。その子は死んだようになったので、多くの者が、「死んでしまった」と言った。しかし、イエスが手を取って起こされると、立ち上がった。イエスが家の中に入られると、弟子たちはひそかに、「なぜ、わたしたちはあの霊を追い出せなかったのでしょうか」と尋ねた。イエスは、「この種のものは、祈りによらなければ決して追い出すことはできないのだ」と言われた。

参考箇所

イエスがそばに行き、手を取って起こされると、熱は去り、彼女は一同をもてなした。（マルコ1・31）

そして、子供の手を取って、「タリタ、クム」と言われた。これは、「少女よ、わたしはあなたに言う。起きなさい」という意味である。少女はすぐに起き上がって、歩きだした。もう十二歳になっていたからである。（マルコ5・41〜42）

B　みことばに耳を傾けましょう

「導入のことば」　このエピソードを通して、イエスがどのように語り、どのように行い、どのように動き、どのような態度をとるか、つまり行動するイエス像がよく見られます。変容の後、イエスは三人の弟子たちと共に山を下ります。他の弟子たちと合流すると律法の専門家たちと議論しあっています。この混乱状態はすべての人に関わる何か重大な問題があることを示しています。父親を通して息子の問題と事情が提示されます。最初にイエスの反応は激しい怒りの行動によって示されます。そして、第二の反応は冷静な反応です。イエスは取り乱すことはなさらず、状況から距離をおいてそれを支配されたと言ってよいでしょう。つまり、出来事全体の奥行きまでも見通されるわけです。病人も父親も、弟子たちも、群衆も見て、自分の使命の枠の中に位置づけるのです。叫び、泡を吹き、転び回っている少年を見ておられますが、真の病気は父親の方である事実を見抜かれます。そのため、取るべき手段は別にあると理解し、注意深く冷静な考察を通して、誰も考えつかなかったような新しく、違った、真の拠点を見出されるのです。そこで、イエスは父親との対話を始められます。

↓カードの「B　みことばに耳を傾けましょう」に移りましょう。

C　みことばを味わいましょう

「導入のことば」　イエスは男の子が目の前で転げ回っているという事実に巻き込まれてしまうのではなく、状況全体を考慮に入れます。イエスは、皆から気づかれずにはいるものの、実に、そのときの状況の偉大な主役です。息子の状態を述べ始めて、ついに問題の核心が彼の心から外にもれ出てきます。「おできになるなら、わたしどもを憐れんでお助けください」。こうして、いやされるべき一人の少年とイエスとの単純な関わりに、イエスに助けを求めるために謙虚に願い出る父親の心を引き出す過程が見えます。「イエスは言われた。『できれば』と言うか。信じる者には何でもできる」。相手への関心を示す心のこもったことばは、父親の心をほぐすものでした。「距離をおいて対処する」という態度は大切です。

→カードの「C　みことばを味わいましょう」に移りましょう。

D　みことばを生きましょう

「導入のことば」　弟子たちはイエスに召されて、そして彼と共に生活して、派遣されることによって宣教し、悪霊を追い出すと言う根本的な使命に対して、失敗しました。キリスト者としての偉大な要求と平凡な日常性との摩擦を考えると挫折感に覆われたでしょう。わたしたちが物事の一面だけを考察することにとどまってしまうとその側面は巨大になり、幻惑してしまうのです。家庭での親子のコミュニケーションをはじめ、教会での司祭召命の危機、社会の少子化など、距離をおいて見るとき、目は、一つの個別的な事柄から、現実の、または、可能な別の反対の事項へと移って行き、その結果、考察の対象となっている現実についての視野が広がります。この劇的な場面には「死」ということばが出てきます。その子は死んだようになったので、多くの者が死んだと思っているのですが、「起きる」と「立ち上がる」という動詞が繰り返されています。復活を示す動詞です。心苦しく感じられる自分の弱さを謙虚な祈りへの動機とすることによって、そこから利益（信仰）を引き出すようにと、促されるのです。

↓カードの「D　みことばを生きましょう」に移りましょう。

「もう泣かなくともよい」（ルカ7・11〜17）

祈りへの招き

カードの「祈りへの招き」に移りましょう。

Ａ　聖霊の助けを求める祈り

カードの「聖霊の助けを求める祈り」に移りましょう。

みことばを朗読しましょう

それから間もなく、イエスはナインという町に行かれた。弟子たちや大勢の群衆も一緒であった。イエスが町の門に近づかれると、ちょうど、ある母親の一人息子が死んで、棺が担ぎ出されるところだった。その母親はやもめであって、町の人が大勢そばに付き添っていた。主はこの母親を見て、憐れに思い、「もう泣かなくともよい」と言われた。そして、近づいて棺に手を触れられると、担いでいる人たちは立ち止まった。イエスは、「若者よ、あなたに言う。起きなさい」と言われた。すると、死人は起き上がってものを言い始めた。イエスは息子をその母親にお返しになった。人々は皆恐れを抱き、神を賛美して、「大預言者が我々の間に現れた」と言い、また、「神はその民を心にかけてくださった」と言った。イエスについてのこの話は、ユダヤの全土と周りの地方一帯に広まった。

参考箇所

寄留者を虐待したり、圧迫したりしてはならない。あなたたちはエジプトの国で寄留者であったからである。寡婦や孤児はすべて苦しめてはならない。もし、あなたが彼を苦しめ、彼がわたしに向かって叫ぶ場合は、わたしは必ずその叫びを聞く。(出エジプト22・20〜22)

まだ遠く離れていたのに、父親は息子を見つけて、憐れに思い、走り寄って首を抱き、接吻した。(ルカ15・20)

旅をしていたあるサマリア人は、そばに来ると、その人を見て憐れに思い、近寄って傷に油とぶどう酒を注ぎ、包帯をして、自分のろばに乗せ、宿屋に連れて行って介抱した。(ルカ10・33〜34)

B　みことばに耳を傾けましょう

「導入のことば」　一行は葬儀行列に遭います。劇的な場面です。一人息子だけでなくその母親にとって、劇的なだけではなく、絶望的な場面で、人生の困難の始まりです。当時は男性社会で遺産の問題のことで、未亡人は不利な立場に追いやられていました。その為に、聖書では寄留者と孤児並びにやもめは神に見守られている弱者です。「神は聖なる宮にいます。みなしごの父となり、やもめの訴えを取り上げてくださる」（詩編68・6）。また預言者たちは、「孤児の権利を守り／やもめの訴えを弁護せよ」（イザヤ1・17）と頻繁にそれを説いていました。このエピソードはルカの福音書だけに描かれています。よみがえるエピソードですが、他のエピソードと違ってここで、イエス自身が主導権を取っています。泣いているお母さんを見て、彼女に呼びかけ、彼女のために、その一人息子をよみがえらせます。

↓カードの「B　みことばに耳を傾けましょう」に移りましょう。

C　みことばを味わいましょう

「導入のことば」　興味深いのは頼まれていないのに、奇跡を行うイエス。その理由、動機は「あわれに思う」という表現にあります。善きサマリア人と放蕩息子のたとえ話のお父さんと同じように、「あわれに思い」行動されるのがイエスです。神はあわれみ深いのではない、あわれみそのものなのです。つまり自分の子たちに愛を注がずにはいられない。心の底からの揺らぐことのない愛、見捨てることができず、手を差し伸べずにはいられない愛を現しています。同情は、ヘブライ語で、はらわたや子宮を指します。つまり神の母親としての愛、どんな条件も置かない愛、それほどまでに愛さずにはいられない愛なのです。イザヤ書（49・15）にはこう書いてあります「女が自分の乳飲み子を忘れるであろうか。母親が自分の産んだ子を憐れまないであろうか。たとえ、女たちが忘れようとも／わたしがあなたを忘れることは決してない」。

↓カードの「C　みことばを味わいましょう」に移りましょう。

D　みことばを生きましょう

「導入のことば」　この女性は一人で孤独です。既に主人を亡くし、今は一人の息子だけです。墓まで歩んでいる静かな群衆は、一人で泣いている母親に従っています。やはり死に対してみんなは黙り込むでしょう。でも、イエスは言葉によってこの怖い、絶望的な雰囲気を破ります。イエスが奇跡を行ったのは死亡したその一人息子のためではなく、泣いているその母のためです。彼女を見て、「もう泣かなくともよい」と言い、棺に触れて「若者よ、起きなさい」と言い、その息子をよみがえらせて母親に返しました。希望といのちを与えるイエスのことばは大胆です。わたしたちにも絶望、暗闇を抱えている人々にイエスの希望、いのちに溢れることばを伝える使命があります。わたしたちは死者をよみがえらせることはできませんが、日々生きることに疲れ切っている人々の傍にいて、慈しみを示し、希望と慰めのことばを贈りましょう。

↓カードの「D　みことばを生きましょう」に移りましょう。

カナンの女性（マタイ15・21〜28）

祈りへの招き
カードの「祈りへの招き」に移りましょう。

A　聖霊の助けを求める祈り
カードの「聖霊の助けを求める祈り」に移りましょう。

みことばを朗読しましょう

イエスはそこをたち、ティルスとシドンの地方に行かれた。すると、この地に生まれたカナンの女が出て来て、「主よ、ダビデの子よ、わたしを憐れんでください。娘が悪霊にひどく苦しめられています」と叫んだ。しかし、イエスは何もお答えにならなかった。そこで、弟子たちが近寄って来て願った。「この女を追い払ってください。叫びながらついて来ますので。」イエスは、「わたしは、イスラエルの家の失われた羊のところにしか遣わされていない」とお答えになった。しかし、女は来て、イエスの前にひれ伏し、「主よ、どうかお助けください」と言った。イエスが、「子供たちのパンを取って小犬にやってはいけない」とお答えになると、女は言った。「主よ、ごもっともです。しかし、小犬も主人の食卓から落ちるパン屑はいただくのです。」そこで、イエスはお答えになった。「婦人よ、あなたの信仰は立派だ。あなたの願いどおりになるように。」そのとき、娘の病気はいやされた。

参考箇所

それからまた、イエスはティルスの地方を去り、シドンを経てデカポリス地方を通り抜け、ガリラヤ湖へやって来られた。人々は耳が聞こえず舌の回らない人を連れて来て、その上に手を置いてくださるようにと願った。（マルコ7・31〜32）

一同が群衆のところへ行くと、ある人がイエスに近寄り、ひざまずいて、言った。「主よ、息子を憐れんでください。てんかんでひどく苦しんでいます。度々火の中や水の中に倒れるのです。お弟子たちのところに連れて来ましたが、治すことができませんでした。」イエスはお答えになった。「なんと信仰のない、よこしまな時代なのか。いつまでわたしはあなたがたと共にいられようか。いつまで、あなたがたに我慢しなければならないのか。その子をここに、わたしのところに連れて来なさい。」そして、イエスがお叱りになると、悪霊は出て行き、そのとき子供はいやされた。（マタイ17・14～18）

B　みことばに耳を傾けましょう

「導入のことば」　イエスはナザレとカファルナウム、ユダヤの地方からツロの地方へ行きます。この地方は、異邦人の地域です。旧約聖書では、ツロは豊富で世俗社会として描かれています。しかし、これから神の国が実現されるところになっていきます。このエピソードの後、シドンを経て、デカポリス地方に入るイエスへと続きます。シドンはまだフェニキアの地方で、デカポリスはパレスチナにおけるギリシャ植民地による一〇の市の連合だったのです。つまり異邦人、異教徒の地域です。イエスのところに行く人は、フェニキアの女で、異邦人、そしてその娘は汚れた霊に取りつかれています。さらに、女性は「主よ、どうかお助けください」と叫び、「わたしの娘を助けてください」とは言いません。それに対して、イエスは「婦人よ、あなたの信仰は立派だ。あなたの願いどおりになるように」と言って、娘のことについては何も触れません。というのも、母は自分の中で娘のうめきを一体化し、体験していたので、母の願いを聞き届けることはその娘をいやすことになるでしょう。

↓カードの「B　みことばに耳を傾けましょう」に移りましょう。

C　みことばを味わいましょう

「導入のことば」　この福音に登場するカナンの女性とイエスの姿勢を見て、生きるためには勇気と謙虚さが必要だと感じます。信仰生活は冒険と鍛錬の道ですから、勇気と謙虚さがなければなりません。勇気について言うと、カナンの女性は女でありながら、大胆にもイエスに挑戦しました。この時代は完全な男性社会だったので、女性は単なる男の持ち物のように見られていました。しかも、彼女は異邦人でありながら、自分の神ではない神に願い求めました。このようにわたしたちは、人生を生かすためには、カナンの女性のような勇気がなければならないと思います。例えば、未知なことに対して勇気は必要なものです。疑問に縛られていたら、一歩も進むことができないし、間違うことを恐れてやめてしまう場合も多いと思います。人生は冒険であり、挑戦です。信仰に対してもそうです。

↓カードの「C　みことばを味わいましょう」に移りましょう。

D　みことばを生きましょう

「導入のことば」　謙虚について、カナンの女性に対するイエスを見てみましょう。この一人の女性と一人の男性との出会いは、お互いに激しい議論になり、息の詰まる場面です。カナンの女性に出会ったイエスは、神の民の一人の男性として、この異邦人の女性に鍛えられました。自分の属していた文化と宗教の考え方を超えるように、彼女に挑戦され、それに応えられました。そして、ついに「婦人よ、あなたの信仰は立派だ」と宣言しました。このように体験は自分自身を鍛えます。人生の転換期とか分岐点の出来事、そして、非常に意義のある出会い、結びつきをもたらすエピソードです。たくさんの出来事や出会いに鍛えられて歩いてきて、これからも歩いていくわたしたちです。必要なのは、カナンの女性の勇気ある大胆な姿勢でしょうか。それともイエスの謙虚な態度でしょうか。そのどちらも必要です。それでは勇気を出して、カナンの女性のように求めましょう。イエスのように謙虚になって鍛えていただきましょう。

↓カードの「D　みことばを生きましょう」に移りましょう。

回心した犯罪人（ルカ23・39〜43）

祈りへの招き
カードの「祈りへの招き」に移りましょう。

A　聖霊の助けを求める祈り
カードの「聖霊の助けを求める祈り」に移りましょう。

みことばを朗読しましょう

十字架にかけられていた犯罪人の一人が、イエスをののしった。「お前はメシアではないか。自分自身と我々を救ってみろ。」すると、もう一人の方がたしなめた。「お前は神をも恐れないのか、同じ刑罰を受けているのに。我々は、自分のやったことの報いを受けているのだから、当然だ。しかし、この方は何も悪いことをしていない。」そして、「イエスよ、あなたの御国においでになるときには、わたしを思い出してください」と言った。するとイエスは、「はっきり言っておくが、あなたは今日わたしと一緒に楽園にいる」と言われた。

参考箇所

天使は言った。「恐れるな。わたしは、民全体に与えられる大きな喜びを告げる。今日ダビデの町で、あなたがたのために救い主がお生まれになった。この方こそ主メシアである。あなたがたは、布にくるまって飼い葉桶の中に寝ている乳飲み子を見つけるであろう。これがあなたがたへのしるしである。」（ルカ2・10～12）

イエスは巻物を巻き、係の者に返して席に座られた。会堂にいるすべての人の目がイエスに注がれていた。そこでイエスは、「この聖書の言葉は、今日、あなたがたが耳にしたとき、実現した」と話し始められた。（ルカ4・20～21）

イエスはその場所に来ると、上を見上げて言われた。「ザアカイ、急いで降りて来なさい。今日は、ぜひあなたの家に泊まりたい。」ザアカイは急いで降りて来て、喜んでイエスを迎えた。これを見た人たちは皆つぶやいた。「あの人は罪深い男のところに行って宿をとった。」しかし、ザアカイは立ち上がって、主に言った。「主よ、わたしは財産の半分を貧しい人々に施します。また、だれかから何かだまし取っていたら、それを四倍にして返します。」イエスは言われた。「今日、救いがこの家を訪れた。この人もアブラハムの子なのだから。」(ルカ19・5～9)

B　みことばに耳を傾けましょう

「導入のことば」　ルカによるイエスの姿、その肖像を探ってみるとイエスと共に十字架に付けられた二人の犯罪人の場面です。一人は自分の最後の願いをイエスに述べます。「イエスよ、あなたの御国においでになるときには、わたしを思い出してください」と言った。この願いはぎりぎりの回心のようなことで、天国泥棒と言いたくなるかもしれません、しかし、イエスの目線は違います。「はっきり言っておくが、あなたは今日わたしと一緒に楽園にいる」とイエスは答えます。「今日」という時間とチャンスとして「救い」の約束に組み合わせたよい便り、つまり福音です。実はルカ福音書においてこの様式が頻繁に現れています。イエスの誕生の時、ナザレの会堂で福音宣教の開始に当たり、またザアカイとの出会いの時(参考箇所)も宣言されました。それは約束だけでなく、救いがいま、ここで、今日実現されています。

↓カードの「B　みことばに耳を傾けましょう」に移りましょう。

C　みことばを味わいましょう

「導入のことば」　イエスはこの犯罪人に対してと同じように反省し、救いを求めているわたしたちに対しても、救いに応えるのに、遅すぎることはないと激励し、温かいまなざしでわたしたちの応答を待っているのです。イエスにとって時間と人生は単なる「生まれ、成長し、働き、老い、死ぬ」という自然の流れにすぎないのではなく、時間、人生は回心ができるチャンスの連鎖なのです。救いがやってきても、いろいろなことで、そのチャンスを見逃してしまった場合でも、また別のチャンスが巡ってきます。ザアカイのエピソードを思い出しましょう。イエスに呼びかけられたザアカイは急いでいちじく桑の木から降りて来て、喜んでイエスを迎えました。イエスは「今日は、ぜひあなたの家に泊まりたい」と言われ、その後「今日、救いがこの家を訪れた」と言っています。救いは「いつの日にかやってくるだろう」というのではなくて、救いの訪れは、「今日かもしれない」、またその到来に気づけているかどうかという意識の反応が求められるのです。

↓カードの「C　みことばを味わいましょう」に移りましょう。

D　みことばを生きましょう

「導入のことば」　教皇フランシスコは選任されてはじめての「お告げの祈り」の中で、あわれみについて次のように語られました。「あわれみのことばを聞くと、そのことばはすべてを変えます。ささやかなあわれみが、世界をより温かく、公正なものとしてくれるのです。神が忍耐強く、あわれみ深い父であることを悟らなければなりません。問題は、わたしたちがゆるしを求めるのに倦むことです。ゆるしを求めるのを望まず、それに倦んでしまうことです。神は倦むことなくゆるしてくださいますが、わたしたちは、時としてゆるしを求めるのに倦むのです。ゆるしを求めるのに倦んではなりません。決して倦んではなりません。神は愛に満ちた父です。この方はつねにゆるし、わたしたち皆に対してあわれみの心をもっておられます。わたしたちもすべての人にあわれみ深くなることを学ぼうではありませんか」。

教皇フランシスコはあわれみのことばだけではなく、その心、そのまなざしと手をよく動かしておられます。

↓カードの「D　みことばを生きましょう」に移りましょう。

付　録（シリーズ既刊本）

Lectio Divina Series 1　イエスとの出会い　その喜びを味わう

喜びの手紙①(1・1〜6)
喜びの手紙②(1・21〜26)
喜びの手紙③(2・5〜11)
喜びの手紙④(3・7〜14)
喜びの手紙⑤(4・4〜9)

喜びと分かち合い

イエスの誕生(ルカ2・1〜14)
畑に隠された宝(マタイ13・44〜46)
カナでの婚礼(ヨハネ2・1〜11)
ザアカイ(ルカ19・1〜10)
ぶどうの木とその枝(ヨハネ15・1〜11)
エリサベト訪問(ルカ1・39〜56)
交わりへの招き(一ヨハネ1・1〜4)

Lectio Divina Series 2　詩編を祈る——人間の経験から生まれる詩

詩編1——幸福への道
詩編4——神に信頼するとき、身も心も休まる
詩編8——創造主と人間

詩編150――賛美の合奏

Lectio Divina Series 3　日々の暮らしの中で――信仰を育て、実践する

社会の中で暮らしながら

「抱いている希望」（一ペトロ3・14～16）

「あなたがたはわたしを」（ルカ9・18～25）

善いサマリア人（ルカ10・25～37）

エリヤの逃走（列王記上19・1～8）

エリヤの回復（列王記上19・11～18）

「わたしたちにも祈りを」（ルカ11・1）

「絶えず祈りなさい」（一テサロニケ5・16～18）

キリスト者の身分証――「幸い」の宣言（マタイ5・3～12）

「幸い」と「神の国」

「貧しい人々」

「悲しむ人々」

「柔和な人々」

「義に渇く人々」

「義のために迫害される人々」
「平和を実現する人々」
「心の清い人々」
「憐れみ深い人々」

祈ることは関わることである――主の祈り（マタイ6・9～13）

「天におられるわたしたちの父よ」
「み名が聖とされますように」
「み国が来ますように」
「み心が天に行われるように、地にも行われますように」
「わたしたちの日ごとの糧を今日もお与えください」
「わたしたちの罪をゆるしください、わたしたちも人をゆるします」
「わたしたちを誘惑におちいらせず」
「悪からお救いください」

レナト・フィリピーニ（Renato Filippini）

1970年、北イタリア出身。1990年、聖ザベリオ宣教会入会。1997年、聖書学修士号取得・司祭叙階。同年に来日後、諸教区で司牧。2017年、ローマの教皇庁立サレジオ大学大学院にて信仰教育学専攻（修士）。現在、福岡市・大濠カトリック会館宣教養成センター長。
［著書・訳書］
カルロ・M・マルティーニ『イエスの教えてくれた祈り──「主の祈り」を現代的視点から』（共訳）、『イエスとの出会い　その喜びを味わう』、『詩編を祈る』、『日々の暮らしの中で』、『現場から現場へ』（以上、小社刊）、『聖週間を生きる』（女子パウロ会）、『主日の福音を生きる──日々の生活をみことばとともに』（ＢＣ各年）、『「今日」というチャンスを生きる──あなたに届くイエスの福音』（以上、サンパウロ）
［共書］
水がめを運ぶ七人の信徒共著『主日の福音を生きる（Ａ年）──日々の生活をみことばとともに』（サンパウロ）

「レナト神父のブログ」、「レナト神父（Facebook）」で検索。

"Lectio Divina"4　聖なる読書によってみことばを祈る

神の国は近づいた　イエスによる神の国のたとえ話と行い

発行日………2024年5月30日 初版

編著者………レナト・フィリピーニ

発行者………阿部川直樹

発行所………有限会社 教友社
275-0017 千葉県習志野市藤崎6－15－14
TEL047 (403) 4818　FAX047 (403) 4819
URL http://www.kyoyusha.com

印刷所………モリモト印刷株式会社

ISBN978-4-911258-04-0　C3016